Barcelona

W0040748

Der Autor

Robert Möginger

absolvierte einen Teil seines Touris-
tikstudiums in Spanien. Der Autor
und Reisejournalist weiß durch seine Tätigkeit für eine Reiseversiche-
rung auch, wo die Urlauber der
Schuh drückt. Seine Fachgebiete
sind Spanien, Lateinamerika und
die Karibik.

Reiseplanung

Land & Leute

Unterwegs in Barcelona

Rund um die Rambles   64

Auf Barcelonas berühmter Flaniermeile von der Plaça de
Catalunya zum Hafen bummeln, das Flair genießen und in den
Nebenstraßen kulturelle Sehenswürdigkeiten entdecken.

Im Barri Gòtic   76

Zurück in die Vergangenheit der Stadt – das mittelalterliche
Viertel im Bannkreis der Kathedrale erkunden und die besonde-
re Atmosphäre genießen.

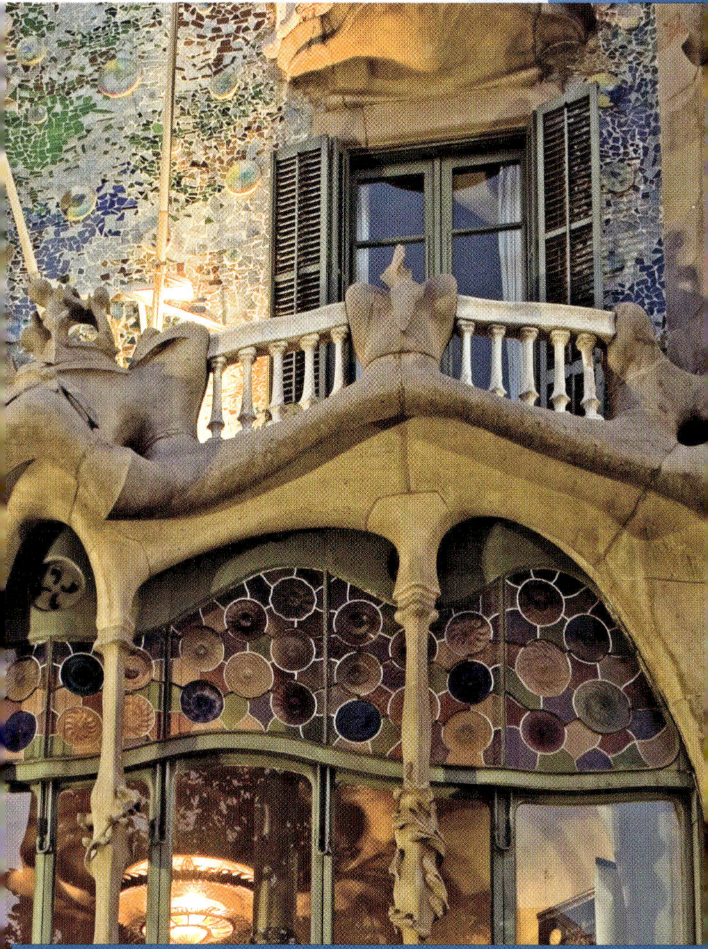

Reiseplanung

Die Stadtviertel][Die schönsten Touren][Klima und Reisezeit][Anreise][Stadtverkehr][Unterkunft][Essen und Trinken][Shopping][Am Abend

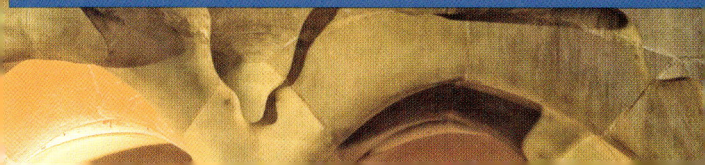

Die Stadtviertel im Überblick

Ohne jede Frage: Barcelona ist cool, hip, angesagt – und zieht wie kaum eine andere europäische Metropole Künstler und Kreative aus aller Welt magisch an. Man hat Erfolg, zeigt es gern und leistet sich etwas. Avantgardistische Museen, schrille Clubs, ausgeflippte Luxushotels und exzentrische Boutiquen schaffen es immer wieder spielend auf die ersten Plätze der In-Listen der internationalen Hochglanzpresse. Gourmetrestaurants auf allerhöchstem Niveau vereinen Sushi, baskische Tapas und franko-katalanische Küche zu einer raffinierten mediterranen Fusion. Festivals und Top-Events locken das ganze Jahr Besucher an; Mode aus Barcelona feiert Erfolge auf den Laufstegen von New York und Paris. Und in puncto Design und Architektur ist die katalanische Hauptstadt ohnehin seit Jahrzehnten eine der spannendsten Adressen rund um den Globus, denn es gelingt immer wieder, Barcelona auf schlüssige Weise auf dem Reißbrett neu zu definieren.

Der Stadtplan spiegelt gleichsam die Geschichte der Metropole: Das regelmäßige Straßengitternetz der **Eixample** entstand zur Zeit der industriellen Revolution und der Weltausstellung von 1888 – in der Blütezeit des Modernisme, des unvergleichlichen katalanischen Jugendstils. Bis heute prägen breite Boulevards, Bürgerpaläste und edle Geschäfte die mondäne Atmosphäre des Viertels, in dem Antoni Gaudí für die Ewigkeit baute: Casa Milà, Casa Batlló und vor allem seinen unvollendeten Templo de la Sagrada Família – Spaniens meistbesuchte Sehenswürdigkeit überhaupt. Etwa 40 Jahre später nahm sich die Stadt ihren Hausberg vor: Das Viertel am **Montjuïc** ist heute geprägt von den Parks, Museen und Pavillons, die 1929 zur zweiten Weltausstellung entstanden. Mit einer Reihe wahrer Herkulestaten gab Barcelona anlässlich der Olympischen Spiele von 1992 seiner baulichen Entwicklung eine völlig neue Richtung, öffnete sich dem Meer und bereicherte das Stadtbild um zeitgemäße Wahrzeichen wie die markanten Hochhaustürme zwischen **Port Vell** und **Port Olímpic.** Was niemand für möglich gehalten hätte, wurde verwirklicht: An der **Platja de Barceloneta** kann man heute wunderbar baden. Nach dem Umbau des Innenhafens und der umstrittenen Sanierung des Rotlichtviertels **Barri Xinès** entstand 2004 für das Forum der Weltkulturen im Viertel Sant Adrià ein ganz neues futuristisches Wohngebiet am Meer, das schlicht **Fòrum** genannt wird. Und es wird schon wieder am Stadtbild gearbeitet: Nach dem Anschluss an das Streckennetz des Hochgeschwindigkeitszugs AVE wird derzeit (bis 2012) am ehemaligen Güterterminal Sagrera ein hochmoderner Bahnhof samt neuem Bahnhofsviertel gebaut – es scheint in Barcelona nur eine Richtung zu geben: voran!

Barcelona bietet eine faszinierende Mischung aus Moderne und Tradition

Etwas ganz Wesentliches unterscheidet Barcelona dennoch von anderen Boomstädten: Bei aller Lust an der Innovation hat sich die Stadt ihre typischen Facetten und historisch gewachsenen Seiten bewusst bewahrt. So ist die berühmteste Straße der Stadt, **Les Rambles,** nicht zur globalisierten Amüsiermeile verkommen, sondern der lebendige Dreh- und Angelpunkt des alten Zentrums geblieben, voller Flair und unverwechselbarem Charakter. Im Osten, im **Barri Gòtic,** stößt man immer wieder auf Spuren der 3000-jährigen Kulturgeschichte, etwa auf römisches Forum, jüdisches Getto, romanische Mosaiken sowie monumentale Gotik – und natürlich auf die überall in der Stadt wuchernde Fantasy-Architektur Gaudís. Auf der westlichen Seite der Rambles, im Viertel **El Raval** und im ehemaligen Rotlichtbezirk **Barri Xinès,** kultivieren Bars und Spelunken erfolgreich das Image der herzlich-rauen Hafenstadt und erweisen sich als ideale Biotope für schräge Typen und Bohemiens. Freundliche Kleine-Leute-Viertel bereichern das Bild der Stadt mit ganz eigenem Charme: Die früheren Fischer- und Matrosenquartiere **Barceloneta** und **La Ribera** sind wunderbare Gegenden für einen ziellosen Bummel jenseits der ganz großen Attraktionen.

Ganz egal, in welchem Viertel Barcelonas man sich aufhält, man spürt überall den katalanischen Bürgersinn, der dafür sorgt, dass bei aller Weltoffenheit die Tradition nicht zu kurz kommt. Gelegentlich mag der stets zur Schau getragene Lokalpatriotismus der *barcelonins* etwas dickköpfig und beinahe provinziell wirken – man denke an den Sprachenstreit und die Abneigung gegen die Zentralgewalt in Madrid –, aber gleichzeitig ist ihr unaufgeregtes Selbstbewusstsein die gesunde Basis dafür, dass die Stadt ein Unikat bleibt.

Die schönsten Touren

Verlängertes Wochenende in Barcelona

Plaça de Catalunya › Les Rambles › La Boqueria › Plaça Reial › Moll de la Fusta › Plaça del Pi › Barri Gòtic › La Catedral › Museu d'Historia de la Ciutat › Santa Maria del Mar › Museu Picasso › La Barceloneta › Gran Teatre del Liceu/Palau de la Música Catalana › Casa Milà › Casa Batlló › Sagrada Família › Parc Güell

Dauer:
Reine Gehzeit ca. 8 Stunden, verteilt auf 3 halbe Tage.

Distanzen und Verkehrsmittel:
1. Tag: Ausgangs- und Endpunkt Ⓜ Catalunya. 2. Tag: Ausgangspunkt Ⓜ Jaume I, Endpunkt Ⓜ Passeig de Gràcia oder Liceu. 3. Tag: Ausgangs- und Endpunkt Ⓜ Passeig de Gràcia; Abstecher zum Parc Güell ab Ⓜ Lesseps. Die Touren selbst sind problemlos zu Fuß zurückzulegen, wobei die Gehzeit von Ⓜ Lesseps zum Parc Güell etwa 15 Minuten beträgt. Am Abend steigt man am besten auf die preiswerten Taxis um, die in großer Zahl bereitstehen.

Das Hotelzimmer ist bezogen, der Koffer noch nicht ganz ausgepackt – die Vorfreude auf Barcelona groß. Wohin als Erstes? Eine rhetorische Frage: Natürlich zur **Plaça de Catalunya** › S. 66, wo die ****Rambles** › S. 67 beginnt, die Hauptschlagader der Altstadt und eine der berühmtesten Straßen Europas. Hier taucht man ein in das Schauspiel, das sich hier zu jeder Tageszeit bietet: Die Straße ist die Bühne, die Darsteller sind Flaneure, Geschäftsleute, Touristen und Straßenkünstler. Wer sich Appetit holen möchte für die erste Mahlzeit in Barcelona, macht zunächst eine Stippvisite zur ****Boqueria** › S. 70, einem der weltweit schönsten und üppigsten Märkte mit Obst, Gemüse, Meeresfrüchten, Fisch und anderen Lebensmitteln, die einem das Wasser im Munde zusammenlaufen lassen. Anschließend ist es Zeit für einen Aperitif oder Imbiss an der wunderschönen ***Plaça Reial** › S. 74 mit ihren Arkaden und Terrassencafés. Im Hafen trifft man dann auf **Kolumbus** › S. 75, der von seiner Statue den Weg nach Amerika weist; wer will, kann sich auf seine Spuren begeben – oder zumindest auf eine Hafenrundfahrt, z.B. mit einer Golondrina ab **Moll de la Fusta** › S. 91.

Mitten hinein ins historische Herz der Altstadt geht es über die **Plaça del Pi** › S. 71 ins **Barri Gòtic**. Die imposante **Catedral La Seu** › S. 83 thront über den engen Gassen und den Adelspalästen an der **Plaça del Rei** › S. 79, und Straßenmusikanten liefern die akustische Untermalung des Spaziergangs durch das Mittelalter. Falls man das Viertel an einem Sonntag besucht, kann man vor dem Hauptportal der Kathedrale die Tänzer der traditionellen Sardana beobachten – ein Happening der katalanischen Art, das die Verbundenheit der Katalanen miteinander symbolisiert, bei dem aber auch Auswärtige mitmachen dürfen. Wer weiter zurück in der Geschichte der Stadt und zu den Wurzeln Barcelonas wandern möchte, besucht die römischen Tempelreste im *Museu d'Història de la Ciutat* › S. 81. Einen schönen Rahmen für den ersten Abend in der Stadt bietet das alte Hafenviertel **La Ribera** mit der ebenso schlichten wie beeindruckenden gotischen Kirche *Santa Maria del Mar* › S. 95 und den zahlreichen Bars und Restaurants zwischen Plaça Comercial und **Passeig del Born** › S. 95.

Den zweiten Tag beginnt man vormittags mit einem Kunst-Highlight: Im **Museu Picasso** › S. 98 beeindrucken vor allem die Frühwerke des Andalusiers, der in Barcelona Malerei studierte. Nur einen kurzen Spaziergang entfernt liegt das alte Fischerviertel *La Barceloneta* › S. 99, wo man in einem der hervorragenden Fischlokale am Strand Mittagessen sollte. Anschließend kann man an den Stränden, die sich bis zum nordöstlichen Stadtrand ausdehnen, flanieren, sonnenbaden oder schwimmen und Kraft für den Abend tanken. Kein Besuch Barcelonas wäre komplett ohne einen Abend in einer der großen Konzertbühnen – entweder in der altehrwürdigen Oper **Gran Teatre del Liceu** › S. 72 oder im Jugendstilsaal des ***Palau de la Música Catalana*** › S. 86. Die Nacht lässt sich danach beliebig lange ausdehnen, etwa in den schicken Clubs und Diskos der Eixample oder in den gemütlichen Bars im Altstadtviertel El Raval – die Auswahl ist schier grenzenlos!

Ganz im Zeichen Gaudís und des katalanischen Jugendstils steht der letzte Tag des verlängerten Wochenendes. Am *Passeig de Gràcia* › S. 117, dem Prunkboulevard der Neustadt Eixample, stehen die hervorragendsten Beispiele des Modernisme Tür an Tür, darunter die schönsten Gaudí-Bauten überhaupt: die ***Casa Milà*** › S. 122 und die **Casa Batlló** › S. 120. Ein Muss ist natürlich die Unvollendete des Meisters, die ***Sagrada Família*** › S. 125, Barcelonas Wahrzeichen schlechthin. Vorausgesetzt, es ist nicht gerade Sonntag, sollte man sich eine kurze Einkaufstour in diesem Viertel nicht entgehen lassen, denn die Eixample ist eines der besten Shopping-Reviere der Stadt. Wenn dann noch Zeit ist, kann man einen Abstecher in den **Parc Güell** › S. 126 unternehmen und dort noch tiefer in das Universum Antoni Gaudís eintauchen: Steinerne Wellen, bunte Drachen und Schlangenbänke machen den Park zu einer fantastischen Gartenlandschaft.

Barcelona in einer Woche

Les Rambles › La Boqueria › Catedral La Seu › Passeig de Gràcia › Casa Milà › Casa Batlló › Sagrada Família › Palau de la Música Catalana › Parc de la Ciutadella › Museu Picasso › Museu Nacional d'Art de Catalunya › Poble Espanyol › Fundació Joan Miró › Olympischer Ring › MACBA › Barceloneta › Tibidabo

Dauer:
7 Tage à 3–4 Stunden reiner Gehzeit. Mit ausgiebigen Museumsbesuchen sind die Tagestouren leicht aufs Doppelte auszudehnen.

Distanzen und Verkehrsmittel:
1. Tag: Ausgangspunkt Ⓜ Catalunya, Endpunkt Ⓜ Jaume I. 2. Tag: Ausgangspunkt Ⓜ Passeig de Gràcia, Endpunkt Ⓜ Sagrada Família; Abstecher zum Parc Güell ab Ⓜ Lesseps. 3. Tag: Ausgangspunkt Ⓜ Urquinaona, Endpunkt Ⓜ Barceloneta. 4. Tag: Ausgangspunkt Ⓜ Espanya, Endpunkt Ⓜ Paral.lel. 5. Tag: Ausgangspunkt Ⓜ Catalunya, Endpunkt Ⓜ Liceu, 6. Tag: Ausgangspunkt Ⓜ Drassanes, Endpunkt Ⓜ Barceloneta. 7. Tag: Ausgangspunkt Ⓜ Fòrum, weiter zur Ⓜ Gràcia, Endpunkt Ⓜ Av. Tibidabo; auf den Tibidabo mit der historischen Tramvia Blau und der Zahnradbahn. Wer nicht so weit zu Fuß gehen möchte, kann die genannten Sehenswürdigkeiten auch mit dem Bus Turístic › S. 20 anfahren.

Eine ganze Woche für Barcelona – ein Glücksfall, denn so bleibt genug Zeit, um auch einmal ziellos durch die Viertel zu bummeln, Atmosphäre zu schnuppern, zwischendurch im Café zu sitzen, am Strand zu liegen oder nach Lust und Laune shoppen zu gehen. Der erste Tag gehört der Altstadt: den bunten **Rambles ›** S. 67, der beeindruckenden **Boqueria ›** S. 70, dem **Gran Teatre del Liceu ›** S. 72 und dem **Barri Gòtic** mit den mittelalterlichen Plaças und der **Catedral La Seu ›** S. 83. Wer Lust hat, bleibt gleich in diesem Viertel, denn man sollte das Barri Gòtic unbedingt am Abend erlebt haben – die autofreien Gassen entwickeln nämlich erst dann ihren ganz eigenen Charme.

Der zweite Tag steht im Zeichen Gaudís und des Modernisme. In der Eixample, am *Passeig de Gràcia ›* S. 117, findet man die berühmtesten Bauten des katalanischen Jugendstils. Wer ***Casa Milà ›*** S. 122, **Casa Batlló ›** S. 120 und ***Sagrada Família ›*** S. 125 in Ruhe von innen besichtigen und in einem der schicken Restaurants des Viertels Mittagessen möchte, sollte dafür den ganzen Tag einplanen. Ansonsten bietet sich von hier ein Abstecher zu Gaudís **Parc Güell ›** S. 126 an.

Am dritten Tag kann man sich zunächst die Führung durch den ***Palau de la Música** › S. 86 vornehmen. Über die Ronda de Sant Pere und am **Arc de Triomf** › S. 94 vorbei geht es anschließend weiter in den *Parc de la Ciutadella** › S. 94 und zum **Museu Picasso** › S. 98, für das Kunstfreunde einen ganzen Nachmittag vorsehen sollten.

Eine schöne Tour für den vierten Tag ist der Aufstieg zum **Montjuïc.** Man startet vormittags an der **Plaça de Espanya** › S. 104 mit ihren beiden unverwechselbaren »venezianischen« Türmen, die 1929 zur Weltausstellung entstanden. Eine Prachttreppe führt hinauf zum ***Museu Nacional d'Art de Catalunya** › S. 109, wo romanische Fresken aus dem katalanischen Hinterland und Meisterwerke u.a. von Cranach, Tizian und Goya zu bewundern sind. Wer möchte, macht dann zunächst einen Abstecher ins Museumsdorf *Poble Espanyol** › S. 107, wo man durch sämtliche Regionen Spanien bummeln kann, ohne Barcelona und den Montjuïc verlassen zu müssen. Mediterranes Licht und Farben stehen nachmittags in der **Fundació Joan Miró** › S. 111 im Mittelpunkt. Auf dem weiteren Weg passiert man die sehenswerten olympischen Bauten von 1992 am *Olympischen Ring** › S. 112, bevor man den Gipfel des Hausbergs mit dem **Castell de Montjuïc** › S. 114 stürmt und die atemberaubende Aussicht auf Stadt und Hafen genießt. Anschließend geht es mit der Seilbahn wieder zum Fuß des Montjuïc nach *Barceloneta** › S. 99, wo man die Tour ausklingen lässt.

Am folgenden Tag stehen die unterschiedlichen Charaktere der verschiedenen Altstadtviertel auf dem Programm. In **El Raval,** dem netten Kleine-Leute-Bezirk auf dem Sprung zum In-Viertel, sieht man sich einem spektakulären Bau gegenüber: dem **MACBA (Museu d'Art Contemporani)** › S. 68. Nach einem Museumsbesuch am Vormittag und einem Mittagessen in einem der urigen Marktlokale rund um die Boqueria kann man sich das **Barri Gòtic** nochmals genauer vornehmen. Zu entdecken sind z.B. das alte Judenviertel **Call** › S. 80, Reste römischer Tempel, kuriose kleine Museen und gemütliche Kneipen und Cafés an mittelalterlichen Plaças. Für Bewunderer präkolumbischer Kunst ist das **Museu Barbier-Mueller** › S. 97 ein Muss. Idealerweise schließt man einen Abend auf der anderen Seite der Rambles an, im ehemals verrufenen **Barri Xinès,** das heute dank seines morbiden Rotlicht-Charmes neuen Zulauf findet.

Ganz Spanien auf engstem Raum: im Poble Espanyol

Etwas entspannter lässt man den vorletzten Tag angehen, wenn die Meerseite Barcelonas im Mittelpunkt steht: **Port Vell** ❯ S. 89, der alte Hafen, lockt mit dem sehr interessanten ***Museu d'Història de Catalunya** ❯ S. 92 sowie der **Moll d'Espanya** ❯ S. 91 mit dem Konsumtempel **Maremàgnum** und Europas größtem Unterwasserzoo **L'Aquàrium**. Man kann auch ganz einfach einen Strandtag an der **Platja de Barceloneta** ❯ S. 100 einlegen, verbunden mit einem gemütlichen Mittagessen im alten Fischerviertel **Barceloneta** ❯ S. 99 und einem Spaziergang am Meer entlang nach Norden bis zum schicken **Port Olímpic** ❯ S. 101.

Der siebte und letzte Urlaubstag steht im Zeichen städtebaulicher Kontraste: Das hypermoderne Stadtviertel **Fòrum** ❯ S. 102, erst 2004 entstanden, wird besonders Freunde und Kenner zeitgemäßer Architektur begeistern. Dagegen wirkt **Gràcia** ❯ S. 127, das bunte Einwandererviertel mit alternativem Touch, fast wie ein gewachsenes Dorf mitten in der Metropole. Wer noch Zeit und Lust hat, kann als krönenden Abschluss der Woche in Barcelona noch eine Auffahrt zur Serra de Collserola am nördlichen Stadtrand unternehmen; auf den Ausflugsberg ***Tibidabo** ❯ S. 129 mit der Christusfigur gelangt man stilecht mit der historischen Tramvia Blau und der Zahnradbahn.

La Ruta del Modernisme

Palau Güell ❯ La Boqueria ❯ Arc de Triomf ❯ Parc de la Ciutadella ❯ Mançana de la Discòrdia ❯ Casa Batlló ❯ Casa Milà ❯ Sagrada Família ❯ Palau Baró de Quadras/Casa Asia ❯ Casa Terrades ❯ Casa Thomàs ❯ Hospital de la Santa Creu i de Sant Pau

Dauer:
1 Tag à 6 Stunden reine Gehzeit.

Distanzen und Verkehrsmittel:
Ausgangspunkt: Ⓜ Liceu, dann via Ⓜ Arc de Triomf und Ⓜ Passeig de Gràcia zum Endpunkt Ⓜ Sagrada Família. Die meisten der Modernisme-Bauten sind von diesen Metrostationen zu Fuß gut erreichbar.

Zur Ruta del Modernisme ist für den Preis von nur 12 € ein »Guide Book« – inkl. Rabattgutscheinen für die Museen – beim Modernisme Centre der Stadt erhältlich (Plaça de Catalunya 17, Untergeschoss, www.rutadelmodernisme.com). 115 Sehenswürdigkeiten stehen auf dem offiziellen Programm, doch was nach harter Arbeit für Liebhaber des Modernisme klingt, lässt sich sinnvoll aufs Wesentliche verkürzen, sodass man die wichtigsten Bauten an einem Tag besichtigen kann.

Das Museu de Zoologia von Lluís Domènech i Montaner im Parc de la Ciutadella war eines der ersten modernistischen Gebäude in Barcelona

Am besten beginnt man mit der Besichtigung des ***Palau Güell** › S. 73, einem Frühwerk Gaudís an der Nou de la Rambla. In unmittelbarer Nachbarschaft finden sich die Spuren des katalanischen Jugendstils u.a. in den Foyers der Hotels España und Peninsular, im Opernhaus **Liceu** › S. 72 sowie in der Markthalle ****La Boqueria** › S. 70. Hier bietet sich ein kleiner Snack zur Stärkung an, bevor es in einem strammen Fußmarsch – oder per Metro – weiter geht zum **Arc de Triomf** › S. 94, dem eleganten Triumphbogen, der zur Weltausstellung 1888 entstand. Im benachbarten ***Parc de la Ciutadella** › S. 94 sind mit dem **Zoologischen Museum** und dem **Hivernacle** (Wintergarten) zwei weitere frühe Beispiele des Modernisme zu bewundern.

Im Anschluss daran fährt man mit der Metro zum ***Passeig de Gràcia** › S. 117, wo mit der ****Mançana de la Discòrdia** › S. 118 die Werke der drei ganz Großen des Modernisme in »stiller Zwietracht« *(discordia)* beieinander stehen: die ***Casa Lleó Morera** › S. 118 von Lluís Domènech i Montaner, die **Casa Amatller** › S. 119 von Josep Puig i Cadafalch sowie Antoni Gaudís ****Casa Batlló** › S. 120. Die Casa Batlló, die mit ihrem extravaganten Giebel die Geschichte des Drachentöters Sant Jordi (hl. Georg) versinnbildlicht, sollte man unbedingt auch von innen gesehen haben. Als Nächstes sucht man die ebenfalls in der Eixample gelegenen Hauptwerke Gaudís auf: Mit seiner *****Casa Milà** › S. 122 setzte Gaudí neue Maßstäbe für den modernen Wohnungsbau, und der Spaziergang übers Dach des Hauses mit seinen zu fantastischen Fabelwesen mutierten Schornsteinen zählt zu den absoluten Höhepunkten eines Barcelona-Besuchs. Noch höher hinaus geht es danach auf Gaudís Unvollendeter: Der Aufstieg zum Turm des *****Templo de la Sagrada**

Família ❯ S. 124 ist einfach atemberaubend, aber definitiv nichts für Menschen mit Höhenangst. In Gehweite, an der Avinguda Diagonal, liegen der **Palau Baró de Quadras** (heute das asiatische Kulturzentrum *Casa Asia** ❯ S. 123) und die **Casa Terrades** ❯ S. 123 von Puig i Cadafalch, die wie eine ironische Interpretation der katalanischen Gotik wirkt. Ebenso sehenswert ist Domènech i Montaners **Casa Thomàs** ❯ S. 124 am Carrer Mallorca.

Ein schöner und stilechter Abschluss der Tour ist die Einkehr in einem der modernistischen Lokale, etwa im **Els Quatre Gats** (Carrer Montsió 3, ❯ S. 31), im **Café de la Opera** (Rambla 74, ❯ S. 33) oder in der **London Bar** (Nou de la Rambla 34).

Wer mehr Zeit als einen Tag hat, kann die Tour mithilfe des »Guide Book« natürlich ganz nach Belieben erweitern und individuell ausgestalten, denn neben den weithin bekannten Modernisme-Palästen gibt es auf dieser »Ruta« in den unterschiedlichen Stadtteilen noch viele weitere Sehenswürdigkeiten zu entdecken. Sie sind vielleicht weniger prominent, aber kaum minder interessant – denn jedes für sich ist ein Unikat und Ausdruck der offensichtlich unerschöpflichen Fantasie der Modernisme-Baumeister.

Touren und Ausflüge

Touren in der Stadt	Stadtviertel	Dauer	Seite
Rambles-Bummel	Les Rambles	2–3 Stunden	66
Durchs Gotische Viertel	Barri Gòtic	2–3 Stunden	78
Im maritimen Barcelona	Hafen und La Ribera	1 Tag	91
Rund um den Montjuïc	Montjuïc	1 Tag	104
Streifzug durch die Eixample	Eixample	1–2 Tage	117
Ausflüge	**Lage**	**Dauer**	**Seite**
Tibidabo	Nordwesten der Stadt	¾ Tag	129
Montserrat	ca. 60 km nordwestlich	1 Tag	130
Sitges	40 km südwestlich	½ Tag	133
Vilafranca del Penedès	ca. 20 km westlich	½ Tag	134
Figueres und Cadaqués	ca. 140 km nordöstlich	1 Tag	135

Klima und Reisezeit

Das Klima an der katalanischen Küste ist typisch mediterran, also ausgeglichen und mild. Vor der sogenannten Tramontana, dem kalten Fallwind aus den Pyrenäen, schützt der Berggürtel rund um Barcelona.

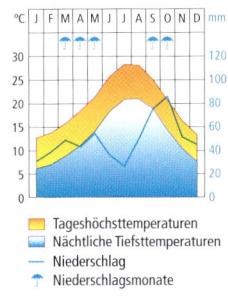

Die beste Reisezeit sind die Monate Mai und Juni, wenn die ansteigenden Temperaturen (im Durchschnitt um 20 °C) die Menschen wieder ins Freie locken, sowie September und Oktober, da dann das Meer angenehme 20 °C hat und noch warm genug zum Baden ist. Etwas unkalkulierbar, windig und niederschlagsreich sind vor allem die Monate November, März und April. Im Winter sinken die Temperaturen fast nie unter 0 °C, doch das häufig ungemütliche, nasskalte Wetter kann einem schon mal die Lust auf ausgiebige Stadterkundungen verderben. Auch bei der oft drückenden Hitze in den Sommermonaten mit Temperaturen von selten unter 28 °C machen Besichtigungstouren mitunter wenig Spaß; man erlebt die City in solchen Zeiten eher in schläfriger Stimmung, weil die Barceloneser an die Strände fahren oder sich in ihre kühlen Häuser zurückziehen. Zur Sommerfrische sucht man vorzugsweise die Costa Brava oder die grünen Küsten im Norden auf. Viele Restaurants, Geschäfte und kleinere Museen haben während der großen Ferien (Ende Juni bis Mitte September) geschlossen.

Trotz der klimatischen Einschränkungen ist Barcelona zweifellos das ganze Jahr über besuchenswert. Museen, Ausstellungen und Geschäfte bieten im Winter mehr als genügend Ablenkung vom schlechten Wetter, während im Sommer zahlreiche kulturelle Veranstaltungen für die Hitze entschädigen. Zu den vielen unterschiedlichen Events ❯ S. 60 wie dem Festival El Grec, der Festa Major de Gràcia, den Festes de La Mercè oder dem Sónar ist die Stadt allerdings sehr voll; die Hotelpreise steigen und man sollte rechtzeitig buchen. Spanische Touristen nutzen gern Brückentage (span. *puentes*) an Ostern, am 1. Mai und am 12. Oktober (Kolumbustag) für Städtetrips – auch solche langen Wochenenden sollten im Voraus geplant werden. Paradiesische Verhältnisse für den Shopping-Trip herrschen während der *rebaixes* (Schlussverkäufe) vom 7. Januar bis Mitte Februar sowie im Juli und August.

Anreise

Mit dem Flugzeug

Tägliche Flugverbindungen nach Barcelona gibt es von allen großen Flughäfen in Deutschland, Österreich und der Schweiz. Die Preise variieren je nach Fluggesellschaft und Reisezeit sehr stark: Wer sich lange Zeit im Voraus festlegt, kann mit etwas Glück für unter 100 € hin- und zurückfliegen; im ungünstigsten Fall kostet der Flug aber auch ein Vielfaches davon. Zwischen dem Flughafen El Prat (12 km südlich des Zentrums) und der Plaça de Catalunya pendelt zwischen 6 Uhr morgens und 1 Uhr nachts) mindestens viertelstündlich der **Aerobús** (Fahrtdauer ca. 30 Min., 4,05 €), ein **Taxi** ins Zentrum kostet ca. 20–25 €.

Mit Bahn und Bus

Die Bahnhauptstrecke nach Barcelona verläuft über Genf, Lyon und Cerbère/Port Bou (Hin- und Rückfahrt ab Frankfurt/Main 2. Klasse rund 350 €). Züge aus Frankreich enden am Hauptbahnhof Barcelona-Sants oder an der Estació de França, Av. Marquès de L'Argentera (Tel. 934 90 02 02, www.renfe.es).

Die **Deutsche Touring** unterhält von vielen deutschen Städten aus Busverbindungen nach Barcelona; die Busse halten zumeist an der Estació d'Autobusos Barcelona-Sants (Deutsche Touring GmbH, Am Römerhof 17, 60486 Frankfurt, Tel. 0 69/ 79 03 50, www.deutsche-touring.com bzw. in jedem Reisecenter der Deutschen Bahn, www.bahn.de).

Mit dem Auto

Bei der Anreise mit dem Auto schlagen in Frankreich und Spanien Autobahngebühren zu Buche. Man kann auch einen Autoreisezug nutzen, diese verkehren allerdings nur im Sommer und ausschließlich bis Narbonne, 90 km vor der spanischen Grenze entfernt.

Stadtverkehr

Mit der Metro

Mit den nur sechs U-Bahnlinien erreicht man nahezu alle interessanten Punkte in Barcelona; das hervorragende Metronetz ergänzen im Großraum der Stadt die Bahnlinien der **Ferrocarrils de la Generalitat** (F.C.G.). Knotenpunkt ist die Plaça de Catalunya. Einzeltickets kosten 1,30 €, die wesentlich günstigeren Zehnerkarten (»T-10«) 7,20 €. Für

Unzählige Taxis warten vor dem Flughafengebäude auf Kundschaft

Touristen gibt es 2- bis 5-Tagestickets für alle Metro-, Bus-, Tram- und F.C.G.-Linien (10–21,70 €).

Mit Bus und Straßenbahn

Die Mühe, den komplizierten Bus- und Tramplan zu studieren, lohnt sich, denn mitunter erspart eine Busfahrt lange Fußwege von der Metrostation zum Ziel. Auf den Hauptstrecken verkehren bis 4 Uhr morgens halbstündlich Nachtbusse *(nitbus)*. Die Tarife entsprechen denen der Metro (Informationen und Fahrplanauskünfte der städtischen Verkehrsmittel unter Tel. 0 10 oder www.tmb.net).

Mit dem Taxi

Die Tarife für Taxis sind günstiger als z.B. in Deutschland: Tagsüber beträgt die Grundgebühr 1,80 €, der Kilometerpreis 0,82 €. Zuschläge fallen für Koffer, Haustiere und Flughafenfahrten an. Im Zweifelsfall kann man eine offizielle Quittung *(rebut oficial)* verlangen (Taxiruf Tel. 933 57 77 55 oder 933 00 11 00).

Barcelona Card

Die Barcelona Card › S. 138 wird vom Städtischen Fremdenverkehrsamt ausgegeben und gewährt freie Fahrt mit Bus und Metro sowie Preisnachlässe bis zu 100 % in Museen, Restaurants und Geschäften. Die Karte gilt für 2–5 Tage und kostet für Erwachsene 25–40 €, für Kinder 21–32 € (Infos unter www.barcelonaturisme.com).

Mit dem Auto/Mietwagen

Angesichts der Verkehrsdichte sollte man in der Stadt aufs Autofahren verzichten, zumal in der Innenstadt Parkplätze rar und Parkhäuser teuer sind (bis zu 25 €/Tag). An gelb markierten Randsteinen besteht absolutes Parkverbot; dort wird gnadenlos abgeschleppt!

Wer dennoch einen Wagen mieten möchte, z.B. für einen Tagesausflug ins Umland, hat vor Ort unterschiedliche Anbieter zur Auswahl. Die Preise liegen zwischen 25 und 40 € (Kleinwagen) bzw. 80 € (gehobene Mittelklasse) pro Tag bei unbegrenzter Kilometerzahl. Die Niederlassungen der großen Firmen finden sich am Flughafen und am Hauptbahnhof Barcelona-Sants.

Stadterkundung

Der **Bus Turístic** steuert auf drei Rundtouren Barcelonas Hauptattraktionen an. Man löst das 1- oder 2-Tagesticket (Erwachsene 20 bzw. 26 €, Kinder 12 bzw. 16 €) beim Einsteigen oder im Internet unter www.tmb.net und kann die Fahrt an 44 Haltestellen beliebig oft unterbrechen.

Da Barcelona auf dem Weg ist, eine radlerfreundliche Stadt zu werden, bietet sich auch die Erkundung per **Fahrrad** an. Es gibt immer mehr Radwege und außerdem zahlreiche Mietstationen wie Barcelona Bici am Mirador de Colom (Portal de la Pau s/n). Die Stunde kostet 4,50 €, ein Tag 15 €; angeboten werden auch Rad-Führungen. **Motorroller** für individuelle Rundfahrten oder Touren in der geführten Gruppe vermietet Cooltra (Passeig de Joan Borbó 80–84) ab 18 € pro Tag (www.cooltra.com).

Vom Meer aus besichtigt man Barcelona am schönsten vom **Segelboot** aus. Ein 2-Stunden-Törn mit Skipper inkl. Cava kostet 29 € und startet von April bis Oktober am Centre Municipal de Vela, Moll de Gregal s/n, Port Olímpic (Buchung im Infobüro im Untergeschoss der Plaça de Catalunya oder online unter www.barcelonaturisme.com, Stichwort: »Barcelona Mar«. Alternativ kann man auch per Katamaran durch den Hafen schippern: **Catamaran Orsom** bietet Mini-Törns ab Portal de la Pau an, im Sommer auch abends (Tel. 934 41 05 37, www.barcelona-orsom.com, Fahrpreis ab 15 €).

Zu Fuß geht es natürlich auch: Die etwa zweistündigen geführten »Barcelona Walks« (11–15 € pro Person, auch auf Englisch) gibt es in den Themenvarianten »Barri Gòtic«, »Modernisme«, »Picasso« und »Gourmet« (inkl. Verkostungen). Der allerletzte Schrei ist **Sight-Jogging** für die ganz Eiligen bzw. Sportlichen mit Führer (www.sightjogging-barcelona.com).

Weitere Infos und Buchung für alle Touren: Centre de Informació, im Untergeschoss der Plaça de Catalunya oder unter www.barcelonaturisme.com.

Special

Mit Kindern in der Stadt

Auf den ersten Blick mag Barcelona nicht wie ein Reiseziel für Familien erscheinen, doch wer genauer hinsieht, wird im Großstadtdschungel erstaunlich viele Attraktionen für Kinder aller Altersstufen entdecken. Wie überall in Südeuropa nehmen Kinder auch in Spanien ganz selbstverständlich am Alltagsleben teil und sind allerorts willkommen.

Das späte Mittag- und Abendessen ist vor allem für Kinder gewöhnungsbedürftig, letztendlich jedoch unproblematisch, denn wer früher Appetit verspürt, findet überall Pizza- und Pasta-Lokale sowie Filialen der üblichen Fast-Food-Ketten, die zu jeder Tageszeit geöffnet haben. Außerdem sind für den kleinen Hunger zwischendurch natürlich auch die unzähligen Tapas-Bars und Cafés ideale Anlaufstellen.

Die längste Amüsiermeile sind zweifellos die **Rambles,** wo u.a. Tierhändler, Clowns und Straßenkünstler für Gratis-Animation fast rund um die Uhr sorgen und Kinderherzen schneller schlagen lassen. Der schönste Spielplatz, vor allem im Sommer, ist zweifellos der **Strand;** am meisten los ist an der Platja de Barceloneta, ruhiger und sauberer sind die Strände jenseits des Port Olímpic. Große Spielplätze gibt es z.B. im **Parc del Fòrum** (Ⓜ El Maresme Fòrum), im **Parc de la Ciutadella** › S. 94 (Ⓜ Arc de Triomf) und im **Parc dela Creueta del Coll** (Ⓜ Penitents).

Tierisch gut!

Wer sich für Tiere interessiert, sollte den Besuch mindestens einer der folgenden Attraktionen keinesfalls verpassen:

■ **L'Aquàrium**

Moll d'Espanya, Tel. 932 21 74 74

www.aquariumbcn.com

Ⓜ Drassanes

Kinderfreundlicher Unterwasserzoo mit 450 verschiedenen Tierarten. Im Tunnel unter dem »Oceanari« kommt man Haien, Muränen und Rochen beinahe unheimlich nah. In der Abteilung »Planet Aqua« kann man Humboldtpinguine beobachten, der interaktive Bereich »Explora!« widmet sich der Costa Brava und dem Ebrodelta mit begehbaren Modellen zum Erleben und Anfassen (tgl 9.30–21 Uhr, Eintritt: Erw. 16,50 €, Kinder 11,50 €).

■ **Zoo de Barcelona**

Parc de la Ciutadella

Tel. 902 45 75 45

www.zoobarcelona.com

Ⓜ Ciutadella-Vila Olímpica

Publikumsmagneten des seit 1892 bestehenden Tierparks sind die Primatenabteilung und das Delfinarium. *Copito*

de Nieve (Schneeflöckchen), der über Spaniens Grenzen hinaus berühmte Albino-Gorilla, starb zwar 2003, ist aber als Maskottchen des Zoos weiterhin präsent (tgl. 10–18, im Sommer bis 19 Uhr, Eintritt: Erw. 15,40 €, Kinder 9,30 €).

Freizeitparks

■ **Parc d'Atraccions Tibidabo**

Plaça del Tibidabo 3–4

Tel. 932 11 79 42, www.tibidabo.es

Ⓜ Av. Tibidabo, Anschluss per Tramvia Blau oder Bus

Der bereits 1889 eröffnete Amüsierpark auf dem Gipfel des Tibidabo präsentiert sich seit seiner letzten Modernisierung als gelungene Mischung aus der guten alten Zeit und zeitgemäßen Fahrgeschäften. Zu den Klassikern gehören der emblematische rote Flieger aus den 1920er-Jahren, das Riesenrad und das Museu d'Autòmats. Wer es wilder mag, wird bestens bedient im »Pendulum«, einem atemberaubenden Free-Fall-Apparat. Neben Geisterbahn und Achterbahn gibt es zahlreiche eher harmlose Karusselle für die Kleinen – und kostenlos dazu: eine grandiose Aussicht auf die Stadt und das Mittelmeer. Ein Erlebnis ist schon allein die Auffahrt zum Tibidabo mit der historischen Tramvia Blau (nur am Wochenende, sonst per Bus) und weiter mit der Zahnradbahn (tgl. 11–20 Uhr für den »Sky Walk«, u.a. mit Flugzeug und Museum; der ganze Park ist unregelmäßig geöffnet: im Sommer meist tgl., sonst nur Sa, So; Eintritt inkl. unlimitierter Nutzung der Fahrgeschäfte: Erw. 24 €, Kinder bis 120 cm Größe 9 €).

■ **Port Aventura**

Salou, Tel. 977 77 90 90

www.portaventura.es

Das Riesenrad auf dem Tibidabo

Bahnverbindungen stündlich ab Barcelona Sants (75 Min). Der 1995 eröffnete Themenpark wirbt mit Attraktionen wie Mini-China, einem mexikanischen »Mundo Maya«, einer Südsee-Abteilung und der gigantischen Achterbahn »Dragon Khan« mit ihren acht Loopings. Fürs leibliche Wohl ist ebenfalls gesorgt (im Sommer mindestens 10 bis 19 Uhr, im Winter teilweise nur am Wochenende; der Tagespass erlaubt unlimitiertes Fahrvergnügen für Erw. zu 42 €, Kinder bis 10 Jahre 33,50 €).

Zum Schauen und Anfassen

Die wenigsten Kinder sind begeisterte Museumsbesucher, doch mit diesen beiden Attraktionen kann man auch den Nachwuchs gut unterhalten:

■ **Museu de Cera**
Passatge de la Banca 7
Tel. 933 17 26-49
www.museocerabcn.com
Ⓜ Drassanes
Mit Madame Tussauds kann das Wachsfigurenkabinett Barcelonas nicht mithalten, aber zwischen Frankensteins Monster, Antoni Gaudí und Lady Di gibt es trotzdem gelungene Momente zu erleben. Zum Abschluss kann man sich im *Bosc de les Fades,* dem verwunschenen Café Märchenwald, noch eine Cola gönnen (Mo–Fr 10–13.30, 16–19.30, Sa, So 11–14, 16.30 bis 20.30 Uhr, im Sommer tgl. 10–22 Uhr, Eintritt: Erw. 10 €, Kinder 6 €).

■ **CosmoCaixa**
Isaac Newton 26, Tel. 932 12 60 50
www.cosmocaixa.com
Ⓜ Av. Tibidabo mit
Anschluss Tramvia Blau
Dieses ambitionierte naturwissenschaftliche Museum bietet von allem etwas – und das meiste auf interaktiver Basis, also zum Anfassen und Ausprobieren: Physik (Sala de la Materia), Biologie des tropischen Regenwaldes (El Bosque Inundado), Astronomie (Planetario) und Geologie (El Muro Geológico). Für die Kleinsten sind die Abteilung »Toca-Toca« und »Clik y Flash« gedacht, wo es mit allen Sinnen etwas zu entdecken gibt (Di–So 10–20 Uhr, Eintritt: Erw. 3 €, Kinder 2 €).

Unterkunft

45 000 Gästebetten, davon 9000 in Pensionen, stehen in Barcelona zur Verfügung – zu wenig in Hochsaison- und Messezeiten. Daher sollte man rechtzeitig reservieren, z.B. über www.hrs.de. Die Generalitat bewertet Hotels mit ein bis fünf, einfachere Hostales mit ein bis zwei Sternen. Billigquartiere für unter 50 € pro Doppelzimmer sind in der Regel nicht zu empfehlen. Auf den Zimmerpreis werden 7 % IVA (Mehrwertsteuer) aufgeschlagen.

Eine **gute Agentur für die Vermietung von Privatzimmern** und voll ausgestatteten Wohnungen in vielen Stadtvierteln findet man unter www.citysiesta.com.

Luxushotels

■ **Arts**
Marina 19–21
Tel. 932 21 10 00][**Fax 932 21 10 70**
www.hotelartsbarcelona.com
Ⓜ Ciutadella
Hochhaus am Olympischen Hafen, toller Service, wunderbare Aussicht auf Hafen und Altstadt. ●●●

■ **Clarís**
Pau Clarís 150
Tel. 934 87 62 62][**Fax 932 15 79 70**
www.derbyhotels.es
Ⓜ Passeig de Gràcia
121 luxuriöse Zimmer in modernisiertem Stadtpalast, zuvorkommender Service. ●●●

■ **Gran Hotel Central**
Via Laietana 30
Tel. 932 95 79 00][**Fax 932 68 12 15**
www.granhotelcentral.com
Ⓜ Jaume I
Neues Luxushotel in nobel-minimalistischem Design. Tolle Dachterrasse mit Pool. ●●●

■ **Le Méridien**
Rambles 111
Tel. 933 18 62 00][**Fax 933 01 77 76**
www.lemeridien.de
Ⓜ Liceu
Feinste Adresse an den Rambles, sehr edle Atmosphäre. ●●●

Das Hotel Oriente kann auf eine lange Tradition zurückblicken: Es besteht seit 1842

Unterkunft

Mittelklassehotels

Colón
Av. Catedral 7
Tel. 933 01 14 04][Fax 933 17 29 15
www.hotelcolon.es
Ⓜ Jaume I
Gediegenes Traditionshaus, etwas in die Jahre gekommen, aber durchaus charmant. ●●●

Gótico
Jaume I 14
Tel. 933 15 22 11][Fax 933 15 21 13
www.gargallo-hotels.com
Ⓜ Jaume I
Renovierter Altbau mit 81 Zimmern in bester Altstadtlage ganz in der Nähe des Rathauses. ●●●

Gaudí
Nou de la Rambla 12
Tel. 933 17 90 32][Fax 934 12 26 36
www.hotelgaudi.es
Ⓜ Drassanes
Beliebtes Touristenhotel vis-a-vis von Gaudís Palau Güell; mit Fitnessstudio und Parkhaus. ●●

Mesón Castilla
Valldonzella 5
Tel. 933 18 21 82][Fax 934 12 40 20
www.mesoncastilla.com
Ⓜ Universitat
Kleines Hotel im Stil eines etwas altmodischen Aristokratenhauses. ●●

Montecarlo
Rambles 124
Tel. 934 12 04 04][Fax 933 18 73 23
www.hotelmontecarlobarcelona.com
Ⓜ Catalunya
Historisches Gebäude mit Art-déco-Interieur; für die zentrale Lage nicht teuer. ●●

Oriente
Rambles 45–47
Tel. 933 02 25 58][Fax 934 12 38 19
www.husa.es

Hotels – Design muss sein

Echt gut!

Gran Hotel La Florida,
Carretera de Vallvidrera al Tibidabo 83–93, Tel. 932 59 30 00, www.hotellaflorida.com. Luxushotel im Hollywoodstil der 1920er-Jahre, 500 m über der Stadt, atemberaubender Blick, riesige Suiten, Pool. ●●●

Casa Camper,
Elisabets 11, Tel. 933 42 62 80, www.casacamper.com, Ⓜ Catalunya. Von Ferran Amat gestyltes Altstadthaus im Viertel Raval; alle Zimmer mit Lounge und Hängematte. ●●●

Granados,
Enric Granados 83, Tel. 934 92 96 70, www.derbyhotels.com, Ⓜ Diagonal. Schickes Designhotel mit leicht asiatischer Anmutung. 77 Zimmer, Pool. Im Zimmerpreis dabei: ein Mietwagen. ●●●

Hotel Omm,
Rosselló 265, Tel. 934 45 40 00, www.hotelomm.es, Ⓜ Diagonal. Ein Hauch von Feng Shui, eine Prise New Age – dazu helle Zimmer und herrliche Ausblicke von der Poolterrasse. ●●●

Chic & Basic,
Princesa 50, Tel. 932 95 46 52, www.chicandbasic.com, Ⓜ Arc de Triomf. Der Name ist Programm – alles sehr schick, aber kein übertriebener Luxus. ●●

The5rooms,
Pau Claris 72, Tel. 933 42 78 80, www.thefiverooms.com, Ⓜ Urquinaona. Fünf Zimmer, eine charmante Gastgeberin und viel Liebe zum Detail. ●●

Market Hotel,
Passatge Sant Antoni Abat 10, Tel. 933 25 12 05, www.markethotel.com.es, Ⓜ Sant Antoni. Gelungenes Designer-Hotel, nettes Restaurant im Haus. ●●

Ⓜ Liceu

Ältestes Hotel der Stadt. Stilvoll eingerichtete Zimmer, Speisesaal wie aus
der Stummfilmzeit. ●●

■ **Palacios**

Rambla de Catalunya 27

Tel. 933 01 30 79

www.hostalpalacios.com

Ⓜ Catalunya

Luxus-Hostal mit elf Zimmern in einem
modernistischen Palais. ●●

■ **Sant Agustí**

Plaça Sant Agustí 3

Tel. 933 18 16 58][Fax 933 17 29 28

www.hotelsa.com

Ⓜ Liceu

Hübsches Hotel in einem ehemaligen
Kloster unweit der Vergnügungsmeile
Rambles. ●●

Preiswerte Hotels

■ **España**

Sant Pau 9–11

Tel. 933 18 17 58][Fax 933 17 11 34

www.hotelespanya.com

Ⓜ Liceu

Jugendstilbau von 1902; verhältnismä-
ßig einfach eingerichtete Zimmer, aber
vornehme Speisesäle mit Kamin und
Stuck. ●●

■ **Hostal Goya**

Pau Claris 74

Tel. 933 02 25 65

www.hostalgoya.com

Ⓜ Urquinaona

Sehr geschmackvolle Pension, modern
und angenehm hell eingerichtet. ●●

■ **Triunfo**

Passeig Picasso 22

Tel./Fax 933 15 08 60

www.atriumhotels.com

Ⓜ Arc de Triomf

Unprätentiöses Stadthotel, angenehm
ruhige Atmosphäre. ●●

■ **Hostal Eden**

Balmes 83

Tel. 934 54 66 20][Fax 934 52 66 21

www.hostaleden.net

Ⓜ Passeig de Gràcia

Nettes Billigquartier, sonniger Patio,
freundliche simple Zimmer. ●

■ **Jardí**

Plaça Sant Josep Oriol 1

Tel. 933 01 59 00][Fax 933 42 57 33

www.hoteljardi-barcelona.com

Ⓜ Liceu

Sehr hübsches, ruhiges Hostal im Barri
Gòtic, 40 Zimmer. ●

Apart(ment)hotel

■ **Atenea**

Joan Güell 207–211

Tel. 934 90 66 40][Fax 934 90 64 20

www.city-hotels.es

Ⓜ Les Corts

105 Apartments von 35 m² Größe;
modern ausgestattet und mit kleiner
Küche. ●●●

Jugendherbergen

■ **Alberg Mare de Déu de Montserrat**

Mare de Déu 41–51

Tel. 932 10 51 51

www.xanascat.cat

Ⓜ Vallcarca

Nördlich des Zentrums in schönem
modernistischen Bau. Jugendherbergs-
ausweis nicht Pflicht, für Mitglieder
aber günstiger.

■ **Center Ramblas**

Hospital 63

Tel. 934 12 40 69

www.center-ramblas.com

Ⓜ Liceu

In bester Zentrallage; freundlich, laut,
immer gut gebucht – kurzfristiges Ein-
checken ohne Reservierung fast aus-
sichtslos.

Essen und Trinken

Die See und das Hinterland prägen die zwei Facetten der traditionellen Kochkultur Kataloniens: An den Küsten tischt man die reichen Früchte des Meeres auf, darunter vielerlei Langusten, die Bauernküche hingegen liebt eher Deftiges wie Würste, Wildbret, Schweineschmalz und Olivenöl. Tradition hat aber auch die feine Küche – sie wurde bereits im Mittelalter am Barceloneser Grafen- und Königshof kultiviert.

Italienischer Einfluss bereicherte die katalanische Küche um Nudeln, byzantinischer um Reis *(arròs)*, die Grundlage des Pfannengerichts Paella. Die französische Kochkunst inspiriert Kataloniens Küchenchefs erst seit etwa hundert Jahren.

Saucen und Salate

Zu den Klassikern der katalanischen Küche zählen vier Saucen: Die einfachste, die Knoblauchmayonnaise *allioli,* serviert man meist kalt. Zu Salaten und Gegrilltem wird gern *romesco* gereicht, eine variantenreiche rote Tunke aus den Grundzutaten Olivenöl, zerstoßenen Peperoni, Mandeln und Knoblauch. Für die sämige *picada* werden unter Beigabe von Olivenöl im Mörser Mandeln zerkleinert, oft auch Haselnüsse,

Lukullische Köstlichkeiten aus dem Meer und den Gemüsegärten

Knoblauch, Petersilie und geröstetes Brot. Stets warm aufgetischt wird *sofregit* aus angedünsteten Zwiebeln, Tomaten und Knoblauch.

An Salaten reicht man gern *esqueixada* aus Tomaten, Zwiebeln, Bohnen und zerrupftem Stockfisch, *amanida catalana,* grünen Salat mit Wurst und Schinken, oder *xató,* eine aus Sitges stammende Komposition aus Sardellen, Thunfisch und scharfer Sauce. Zu Salat und Meeresfrüchten isst man *pa amb tomàquet,* mit Tomate, Salz und Olivenöl eingeriebenes Brot > S. 101.

Fisch und Fleisch

Als Hauptspeisen empfehlen sich besonders Fischgerichte, beispielsweise *sarsuela de marisc,* eine Platte mit gemischten gebratenen Meeresfrüchten, und der Fischeintopf *suquet de peix.* Langusten und Krabben isst man *a la plancha* (gebraten) oder *a la marinera* (gedünstet) und mit Allioli oder Romesco angemacht.

Auch Fleisch kommt in fantasievollen, etwas eigenartig anmutenden, aber sehr leckeren Kombinationen auf den Tisch: *conill* (Kaninchen) z.B. mit *cargols* (Schnecken) und *pollastre* (Huhn) als *llagosta amb*

Cava: Schampus auf Katalanisch

»Vorsicht, knallende Korken!«, warnt ein Schild über dem Tresen einer Xampanyeria in Sant Sadurní d'Ánoia. Tatsächlich dürften derartige Flugobjekte in Spanien nirgends häufiger auftreten als in dem 9000-Seelen-Städtchen gut 50 km westlich von Barcelona. Mit der ländlichen Ruhe ist es hier seit 1870 vorbei: Damals schaute sich der Penedès-Winzer Josep Raventós i Domènech in der französischen Champagne die vom Mönch Dom Perignon im 17. Jh. entwickelte Flaschengärung ab. Bei dieser sogenannten *méthode champenoise* erfolgt die monatelange Nachgärung der Weine nicht im Fass, sondern in der Flasche. Damit sich die Hefe am Kork absetzt, werden die Flaschen gedreht und gerüttelt. Das geschieht heute weitgehend maschinell – anders könnten die Großproduzenten nicht jährlich bis zu 100 Mio. Flaschen ausstoßen. Nach dem Rütteln entfernt man durch Entkorken den Hefesatz und setzt dann den endgültigen Korken ein. Da die Bezeichnung »Champagner« streng geschützt ist, exportieren die spanischen Kellereien ihr perlendes Getränk als »Cava«.

Zu den renommiertesten Cava-Produzenten zählt die **Codorníu-Kellerei** der Familie Raventós. Ihr Jugendstil-Stammhaus, die Ende des 19. Jhs. von Puig i Cadafalch erbaute Can Codorníu, ist efeuumrankt und kann – wie auch die jüngeren Konkurrenzbetriebe **Freixenet** und **Rondel** – besichtigt werden. Dass zum Abschluss die Korken knallen, versteht sich von selbst … (Tel. 938 91 33 42, www.codorniu.es, Mo–Fr 9–17, Sa, So 9–13 Uhr; vorher online oder telefonisch anmelden.)

pollastre mit Langusten und in Schokoladensauce! Weniger ausgefallen, aber ebenfalls sehr gut ist der Gemüse- und Fleischeintopf *escudella de pagès*. Freunde herzhafter Kost sollten unbedingt *mongetes amb botifarra* probieren, gebratene Schweinswürste auf in Schweineschmalz gesottenen weißen Bohnen.

Nachspeisen

Bei den Nachspeisen *(postres)* schlägt bis heute die maurische Vorliebe für Süßes durch, so bei der *crema catalana,* einem köstlichen Karamellpudding aus Eiern, Milch und sehr viel Zucker, oder bei der *menjar blanc* aus gehackten Mandeln und Milch. Wer es nicht so süß mag, der greift zu einem Stück von den vielen einheimischen Ziegen- und Schafskäsesorten oder einfach zu frischem Obst.

Getränke

Über der wachsenden Beliebtheit von Bier *(cerveja)* sollte man das breite Angebot aus Kataloniens acht offiziellen Weinanbaugebieten nicht vergessen. Die Region Tarragona liefert gute Tropfen wie den roten Priorato und den weißen Falset, Alella renommierte Weißweine, die Gegend von Penedès u.a. den Rosé Trepat sowie die international geschätzten Schaumweine oder Cavas › S. 28. Die Sonne der Costa Brava verleiht dem Garnatxa fruchtige Süße. Preiswerte, aber oft vorzügliche Hausweine *(vi de casa)* schenkt fast jedes Restaurant aus.

Kaffee trinkt man als Espresso schwarz *(café sol)*, mit wenig Milch *(tallat)*, mit viel Milch *(amb llet)*, mit Wasser verdünnt *(café americano)* oder mit Brandy bzw. Anis als *carajillo.*

Die Mahlzeiten

In Barcelona isst man später als hierzulande: mittags zwischen 14 und 16, abends 21–24 Uhr. Menüs werden meist zügig serviert; wer zwischen den Gängen pausieren will, sollte das bei der Bestellung sagen. Im Allgemeinen wird reichlich getafelt, das Frühstück fällt jedoch recht bescheiden aus – für mehr als den *café amb llet* und ein süßes Gebäckstück, z.B. eine *ensaïmada,* hat morgens kaum jemand Zeit. Für das zweite Frühstück empfehlen sich die traditionellen Milchbars *(granjas)*, die Kuchen, Eis, Kaffee und Milchmixgetränke wie die aromatische *orxata de xufa* (Erdmandelmilch) anbieten.

Öffnungszeiten und Reservierungen

Man sollte bei der Essensplanung berücksichtigen, dass viele Restaurants sonntagabends und teilweise auch montags geschlossen sind. Besonders am Wochenende – donnerstags bis samstags – wird es in vielen Lokalen voll, deshalb ist eine vorherige Reservierung ratsam.

Teure Restaurants

■ **Ca l'Isidre**
Les Flors 12
Tel. 934 41 11 39
www.calisidre.com
Ⓜ Paral.lel

Echt gut! In diesem Traditionslokal **pflegt auch die Königsfamilie gerne zu tafeln.**
●●●

■ **Gaig**
Aragó 214
Tel. 934 29 10 17
www.restaurantgaig.com
Ⓜ Universitat
Seit vier Generationen ein Garant bester katalanischer Küche. ●●●

■ **Neichel**
Beltrán i Rózpide 16
Tel. 932 03 84 08][**www.neichel.es**
Ⓜ Palau
Noble französisch-katalanische Mittelmeer-Cuisine von Spitzenkoch Jean Louis Neichel. ●●●

■ **Roig Robí**
Séneca 20
Tel. 932 18 92 22
www.roigrobi.com

Ⓜ Diagonal
Raffinierte Hausmannskost, sehr schöner Garten. ●●●

■ **Tragaluz**
Passatge Concepció 5
Tel. 934 87 01 96
www.grupotragaluz.com
Ⓜ Diagonal
Yuppie-Tempel im Mariscal-Design. Japanische und katalanische Edelküche. ●●●

Gute Mittelklasse

■ **Comerç 24**
Comerç 24
Tel. 933 19 21 02
www.comerc24.com
Ⓜ Arc de Triomf
Schickes Designerlokal, in dem »junge wilde« Küche geboten wird. ●●

■ **El Chiringuito de Monchos**
Ronda Litoral 36
Tel. 932 21 14 01
Ⓜ Ciutadella
Frischer Fisch und Meeresfrüchte in einem netten Strandlokal am Olympiahafen. ●●

Das Senyor Parellada ist bekannt für inspirierte katalanische Küche

Essen und Trinken

■ Gargantua i Pantagruel
Córcega 200
Tel. 934 53 20 20
Ⓜ Passeig de Gràcia
Traditionelle Spezialitäten (Schnecken, Lamm, Würste) aus dem bäuerlichen Hinterland. ●●

■ La Fonda
Escudellers 10
Tel. 933 01 75 15
Ⓜ Liceu
Gute und günstige Regionalküche; auch bei den Einheimischen überaus beliebt. ●

■ La Garduña
Jerusalem 12][Tel. 933 02 43 23
Ⓜ Liceu
Herausragendes Marktlokal mit Atmosphäre; die Mittagsküche ist beliebt und preiswert. ●

■ Les Quinze Nits
Plaça Reial 6
Tel. 933 17 30 75
www.lesquinzenits.com
Ⓜ Liceu
Stilvolles Restaurant mit tollem Preis-Leistungs-Verhältnis (Mittagsmenü unter 10 €). Oft sehr voll. ●

■ Los Toreros
Xuclà 3–5][Tel. 933 18 23 25
Ⓜ Jaume I
Traditionslokal, dekoriert mit Stierkampf-Souvenirs. Preiswerte Menüs und kleine Gerichte. ●

Aus ganz Spanien

■ Botafumeiro
Gran de Gràcia 81
Tel. 932 18 42 30
www.botafumeiro.es
Ⓜ Fontana
Hier wird feinstes Meeresgetier von den Küsten Galiciens und Kantabriens serviert. ●●●

■ La Parra
Joanot Martorell 3
Tel. 933 32 51 34
Ⓜ Hostafrancs
Ziege, Kaninchen, Lamm und Rind vom Grill – im schattigen Patio serviert. ●●

Restaurants typisch Barcelona

■ Agut, Gignàs 16,
Tel. 933 15 17 09, Ⓜ Jaume I. Gemütlich und stilvoll, kreative und klassische katalanische Küche. ●●
■ Can Culleretes, Quintana 5,
Tel. 933 17 30 22, www.culleretes. com, Ⓜ Liceu. Bodenständig, zum Satt-und-glücklich-werden. ●●
■ Casa Leopoldo, San Rafael 24,
Tel. 934 41 30 14, www.casaleo poldo.com, Ⓜ Drassanes. Kulinarischer Lichtblick im finstersten Barri Xinès. Deftige Marktküche. ●●
■ Els Quatre Gats, Montsió 3,
Tel. 933 02 41 40, www.4gats.com, Ⓜ Catalunya. Café-Restaurant in einem Modernisme-Bau. Einst berühmter Künstlertreff. ●●
■ Paco Alcalde, Almirall Aixada 12,
Tel. 932 21 50 26, Ⓜ Barceloneta. Seit 1921 eine der ersten Adressen für Fisch und Meeresfrüchte. ●●
■ Senyor Parellada, Argenteria 37,
Tel. 933 10 50 94, www.senyor parellada.com, Ⓜ Jaume I. Tolle Interpretationen katalanischer Kochkunst in Gasthofambiente. ●●
■ Set Portes, Passeig Isabel II 14,
Tel. 933 19 30 33, www.7portes. com, Ⓜ Jaume I. Eine Institution seit 1836. Spezialität: Schwarzer Reis und Paella. Fans können ein Kochbuch des Hauses erwerben. ●●

Die Vitrinen der Tapas-Bars
sind immer gut gefüllt

■ **Las Fernández**
Carretas 11
Tel. 934 43 20 43
www.lasfernandez.com
Ⓜ Paral.lel
Spezialitäten aus León, z.B. Dörrfleisch
(cecina), Lachs und feine Salate. ●●

■ **L'Elx al Moll**
Maremàgnum Local 9
Tel. 932 25 81 17
Ⓜ Drassanes
Alles aus València: Paella, Fisch und Fi-
deuà (Paella mit Nudeln statt Reis). ●●

■ **Txakolín**
Marquès de l'Argentina 19
Tel. 932 68 17 81
Ⓜ Jaume I
Baskische Spezialitäten, z.B. *loup de
mer* (Seewolf) aus dem Ofen. ●●

Latino-Küche

■ **Cantina Mexicana**
Encarnació 51
Tel. 932 10 68 05
Ⓜ Joanic

Mexikanische Enchiladas, Frijoles und
Tortillas zu Mariachi-Klängen. ●●

■ **El Foro**
Princesa 53
Tel. 933 10 10 20
Ⓜ Jaume I
Knüppeldicke Steaks, argentinische
Empanadas, Tango-Klänge. ●●

■ **El Paraguayo**
Parc 1
Tel. 933 02 14 41
Ⓜ Drassanes
In diesem Restaurant im Gaucho-Look
gibt es sehr zarte Steaks. ●●

■ **El Criollo**
Ariban 85
Tel. 934 54 23 28
Ⓜ Passeig de Gràcia
Peruanische und andere lateinamerika-
nische Spezialitäten. ●●

■ **El Rodizio**
Cosell de Cent 403
Tel. 932 65 51 12
Ⓜ Girona
Steakhaus nach dem brasilianischen
Rodizio-System: einmal bezahlen, so
viel essen, wie man schafft. ●●

■ **Habana Barcelona**
Escar 1
Tel. 932 25 02 63
www.habanabarcelona.com
Ⓜ Barceloneta
Kubanische Küche, sonntagabends mit
Show-Programm. ●●

Bier, Wein und Tapas

■ **Cerveseria Catalana**
Mallorca 236
Ⓜ Passeig de Gràcia
Frisch gezapftes Bier, dazu herzhafte
Tapas und feine Montaditos. ●●

■ **Tapa-Tapa**
Passeig de Gràcia 44
Ⓜ Passeig de Gràcia

Essen und Trinken

Wer hier bei den leckeren Tapas zulangt, spart sich das Abendessen. ●●

■ **El Vaso de Oro**

Balboa 6

Ⓜ Barceloneta

Feuchtbiotop für Biertrinker, exzellente *patatas bravas* (Kartoffeln mit scharfer Sauce). ●●

■ **Euskal Etxea**

Montcada 1

Ⓜ Jaume I

Hervorragende Fisch-Tapas nach baskischer Art. ●●

■ **La Gran Bodega**

València 193

Ⓜ Universitat

Beliebter Treffpunkt von Geschäftsleuten und Studenten. ●●

■ **Mam i Teca**

Lluna 4

Ⓜ Sant Antoni

Ausgezeichnete *botifarra* (Wurst) und köstliches Gemüse. ●●

■ **Onofre**

Magdalenes 19

Ⓜ Urquinaona

Klassische Tapas-Bar, hervorragender Ziegenkäse und empfehlenswerte Anchovis. ●●

■ **Bar Bidsoa**

Sera 218

Ⓜ Drassanes

Urige Altstadtbar mit kleiner, aber guter Küche. ●

■ **El Portalón**

Banys Nous 20

Ⓜ Jaume I

Bodega mit uralten Weinfässern und viel Patina, seit 1860 im Barri Gòtic. ●

Cafés

■ **Café de la Opera**

Rambles 74

Ⓜ Liceu

Kleines Jugendstilcafé, **der angesagteste Treff an den Rambles.**

■ **Granja M. Viader**

Xuclà 4 –6

Ⓜ Liceu

Klassische Milchbar seit 1870, feine Kuchen. So u. Mo nachmittags geschl.

■ **Café del Sol**

Plaça del Sol 16

Ⓜ Fontana

Nettes Café im Herzen des Ausgehviertels Gràcia.

■ **Laie Lliberia Café**

Pau Claris 85

Ⓜ Catalunya

Buchladen und Café, auch Jazzveranstaltungen und Lesungen.

■ **Tèxtil Café**

Montcada 12

Ⓜ Jaume I

Idyllisches Café im schönen Innenhof des Museu Tèxtil.

■ **Orxateria-Gelateria Sirvent**

Ronda Sant Pau 3

Ⓜ Paral.lel

Himmlisches Eis und sehr gute *orxata* (Erdmandelmilch).

Die Tapas-Kultur

Wie in ganz Spanien schätzt man auch in Barcelona als Imbiss Tapas (wörtl.: »Deckel«), katalanisch *pica-pica* genannt. In nahezu jeder Bar sind die kleinen Leckerbissen appetitlich in der Theke arrangiert: *amanides* (Salate), *anxoves* (Sardellen), *tortillas* (Omeletts), Oliven, Pilze und anderes Gemüse, gebratenes Fleisch und Meeresfrüchte. Tapas werden in Miniportionen ausgegeben, oft auf Untertassen mit Zahnstocher als Gabel.

Shopping

Die Katalanen gelten als begabte Kaufleute: Ein Beleg sind Barcelonas viele alteingesessene Geschäfte, die auf kompetente Beratung und fair kalkulierte Qualität setzen. Auf den Märkten und in den Delikatessenläden stapeln sich die frischen Lebensmittel, Boutiquen staffieren die Schaufenster so verführerisch aus, dass niemand widerstehen kann, und in den Glitzerwelten der mondänen *centres comercials*, der Einkaufszentren, verfliegen Stunden wie Minuten.

Antiquitäten/Kunsthandwerk

■ Bulevard dels Antiquaris
Passeig de Gràcia 55
Ⓜ Passeig de Gràcia
Hier bieten 70 Antiquitätengeschäfte unter einem Dach, was das Herz begehrt.

■ La Caixa de Fang
Freneria 1
Ⓜ Jaume I
Glas, Azulejos (bemalte Fliesen) und Keramik aus Katalonien, Mallorca und València.

■ Popul-Art
Montcada 22
Ⓜ Jaume I
Riesenauswahl von Deko aus spanischen und südamerikanischen Landen.

■ Cereria Subirà
Baixada Llibreteria 7
Ⓜ Jaume I
Der Kerzenmacher bietet seit 1761 Wächsernes in allen Preisklassen.

■ Germanes García
Banys Nous 15

Ⓜ Jaume I
Handarbeiten aus Stroh und Esparto-Gras: Körbe, Hängematten, Sessel, Käfige u.v.m.

■ Galería de Arquitectura en Miniatura
Boters 8
Ⓜ Liceu
Sagrada Família, Casa Batlló, die Kathedrale und weitere berühmte Bauten als **liebevolle Mini-Rekonstruktion.**

Design und Accessoires

■ Dos i Una
Rosselló 275
www.dosiuna.net
Ⓜ Diagonal
Barcelonas ältester Designerladen, früher Förderer von Xavier Mariscal.

■ Vinçon
Passeig de Gràcia 96
www.vincon.com
Ⓜ Diagonal
Designpalast mit Möbeln, Haushaltsartikeln und Geschenken – alles ist hier »Objekt«.

■ Insòlit
Diagonal 353
Ⓜ Verdaguer
Unikate zum Hängen, Stellen, Legen – vom Korkenzieher bis zu Kleinmöbeln.

Galerien

■ Joan Prats
Rambla de Catalunya 54
Tel. 932 16 02 90
www.galeriajoanprats.com
Ⓜ Passeig de Gràcia
Renommierter Galerist für katalanische Gegenwartskunst.

Shopping

■ **Llucià Homs**
Consell de Cent 315
Tel. 934 67 71 62
www.galerialluciahoms.es
Ⓜ Passeig de Gràcia
Junge spanische Kunst in einer noch
relativ jungen Galerie, gegründet 1988.

■ **Maeght**
Montcada 25
Tel. 933 10 42 45
Ⓜ Jaume I
Filiale der prominenten Pariser Galerie.
Auch Kunstbücher und Drucke.

Feinkost und Wein

■ **Can Gispert**
Sombrerers 23
Ⓜ Jaume I
Seit 1851 Mandeln und Nüsse frisch
aus dem Holzofen, Trockenobst und
feinstes Olivenöl.

■ **Colmado Quilez**
Rambla de Catalunya 63
Ⓜ Passeig de Gràcia
Kunstvolle Konserventürme, Schinken,
Käse, Weine, Cava und Schnäpse –
nicht nur ein Augenschmaus.

■ **Escribà Patisseries**
La Rambla 83 und Gran Via de les
Corts Catalanes 546
Ⓜ Liceu bzw. Urgell
Pralinen, Torten und Kuchen zum Satt-
essen und Sattsehen.

■ **La Botifarreria**
Carrer Santa Maria 4
Ⓜ Jaume I
Ein Paradies für Wurstliebhaber:
Riesige Auswahl an Pasteten, Hart-
würsten und katalanischen Klassikern.

■ **Xampany**
València 200
Ⓜ Urgell
Prickelnder Cava, soweit das Auge
reicht – alle Marken.

Die schönsten Märkte der Stadt

■ **La Boqueria (Mercat de Sant Jo-**
sep) ❯ S. 70, **Rambles 91,** Ⓜ Liceu.
Einer der schönsten Märkte nicht
nur Barcelonas, sondern ganz Spaniens – Luxus für Auge und Nase.
Die üppigen Auslagen muss man
gesehen haben.

■ **Mercat de Sant Antoni,**
Comte de Urgell 1, Ⓜ Sant Antoni.
Hübscher Stadtteilmarkt. Wochen-
tags Lebensmittel und Kleidung, am
Sonntagmorgen Flohmarkt für Bü-
cher und Software.

■ **Mercat de la Barceloneta, Plaça**
del Poeta Boscà 1, Ⓜ Barceloneta.
Die Adresse für Fisch und Meeresfrüchte. Der einzige Markt der Stadt
mit Sonnenkollektoren und einem
Sterne-Restaurant (**Lluçanès,**
Tel. 932 24 25 25, ●●●).

■ **Els Encants, Plaça les Glòries,**
Ⓜ Glòries. Riesiger Flohmarkt (Mo,
Mi, Fr, Sa) am Stadtrand, am besten
schaut man vormittags vorbei.

■ **Concepció, Aragó 311,**
Ⓜ Girona. Die Edelversion des
Stadtteilmarkts in der Eixample.
Besonders schön: die eleganten
Eisenträger des Kuppelbaus.

■ **Galvany, Santaló 65,**
Ⓜ Muntaner. Eine echte Perle des
Modernisme: Die Buntglasfenster
und die massiven tragenden Säulen
der Markthalle sind fast schon einer
Kathe drale würdig.

■ **Santa Catarina, Francesc Cam-**
bò 16, Ⓜ Jaume I.
Die älteste Markthalle der Stadt.
Das mit 325 000 bunten Fliesen ver-
zierte Dach ist sehenswert!

■ Xocolateria
Fargas, Pi 16
Ⓜ Liceu
Feinste Pralinen und Trüffel aller
Geschmacksrichtungen, ein Paradies
für Schleckermäuler.

■ Herboristeria del Rei
Carrer Vidre 1
Ⓜ Liceu
Kräuterladen mit Tees in großer
Auswahl.

Typisch Barcelona

■ Magatzems del Pilar
Boqueria 43
Ⓜ Liceu
Spanische Trachtenaccessoires wie
mantones de Manila (Schulter- und
Brusttücher) und *mantillas* (Spitzen-
schleier).

■ La Cubana
Boqueria 26
Ⓜ Liceu
Seit 1824 Spezialist für Fächer, Gürtel,
Tücher und Handschuhe.

■ Sombreria Obach
Call 2
Ⓜ Liceu
Kopfbedeckungen aller Art: Vom Pana-
mahut über die Boina (Baskenmütze)
bis hin zur Baseballkappe.

■ La Manual Alpagatera
Avinyó 7
Ⓜ Liceu
Zahlreiche *Alpargatas* (Espadrilles) und
Korbwaren – alles handgefertigt.

■ La Botiga del Feltro
Argenteria 78
Ⓜ Jaume I
Führt seit 1795 alles Erdenkliche aus
Filz: Jacken, Mützen, Puppen u.v.m.

■ El Ingenio
Raurich 6
Ⓜ Jaume I
Bietet seit 1838 Fiesta-Requisiten wie
beispielsweise Figuren und Masken.

■ El Rei de la Màgia
Princesa 11
Ⓜ Jaume I
Zubehör für Hobby- und Profizauberer,
auch Fachbücher im Angebot.

■ Laie Llibreria-Café
Pau Claris 85
Ⓜ Catalunya
Gelungene Kombination von Buch-
laden und Kaffeehaus.

■ Norma Cómics
Passeig Sant Joan 9
Ⓜ Arc del Triomf
Der größte unter den zahlreichen
Comicläden der Stadt; Comics für
Groß und Klein.

Mode und Schuhe

■ Adolfo Domínguez
Passeig de Gràcia 32
Ⓜ Passeig de Gràcia
Im Laden des spanischen Stardesigners
findet man zeitlose und schlichte
Eleganz für Sie und Ihn.

■ Antoni Miró
Consell de Cent 349
Ⓜ Passeig de Gràcia
Kataloniens Modepapst liebt diskrete
klare Linien.

■ Bulevard Rosa
Passeig de Gràcia 55
Ⓜ Passeig de Gràcia
Passage voller origineller Boutiquen
unterschiedlicher Art.

■ Mango
Passeig de Gràcia 65
Ⓜ Passeig de Gràcia
Junge, flippige Mode, dazu die volle
Diskodröhnung.

■ Tascón
Passeig de Gràcia 64
Ⓜ Passeig de Gràcia

Shopping

Flippige spanische Markenschuhe zu erschwinglichen Preisen; oft tolle Sonderangebote.

■ **Zara**
u.a. **Rambla de Catalunya 67**
Ⓜ Passeig de Gràcia
Die spanische Kette für aktuelle und erschwingliche Mode.

■ **Calçats Solà**
Ample 7
Ⓜ Drassanes
Schuhe nach Maß: Sondergrößen, Sport- und Spezialschuhe.

■ **Camper**
u.a. **Valéncia 249**
Ⓜ Diagonal
Bequeme, aber trotzdem sehr modische City-Schuhe.

■ **Casa Ciutat**
Portal del'Angel s/n
Ⓜ Catalunya
Wäsche, Bademode, Kämme, Haarschmuck u.v.m. in einem Traditionsgeschäft aus dem Jahr 1892.

■ **Custo Barcelona**
Plaça de les Olles 7
Ⓜ Jaume I
Jeans, T-Shirts und Tops von Designerstar Custo Dalmau.

■ **Herminia**
Nou de la Rambla 13
Ⓜ Liceu
Ausgefallene Unterwäsche bis hin zum Korsett, alles selbst produziert.

Kaufhäuser und Ladenzentren

■ **Barcelona Glòries**
Diagonal 280
Ⓜ Glòries
Shoppingtempel mit 200 Läden, Kino und Restaurants.

■ **El Corte Inglés**
u.a. **Plaça de Catalunya 14**
Ⓜ Catalunya

Der spanische Kaufhaus-Klassiker. Hier gibt es auf neun Stockwerken alles, was das Herz begehrt.

■ **Diagonal Mar**
Diagonal 3
Ⓜ Besòs Mar
2004 zum Weltkultur-Forum eröffnet. Riesig, alle bekannten Ladenketten sind vertreten.

■ **L'Illa**
Diagonal 545
Ⓜ María Cristina
Schickes neues Einkaufszentrum; etwas abseits gelegen, aber mit öffentlichen Verkehrsmitteln zu erreichen.

■ **Maremàgnum**
Moll d'Espanya
Ⓜ Drassanes
Die ultimative Attraktion des Hafens; neben Läden auch Kinos und Kneipen.

In der Herboristeria gibt es für alles ein Kräutchen

Am Abend

Sich in Barcelona die Nacht um die Ohren zu schlagen, ist angesichts der Fülle des Angebots ein Leichtes – zumal der Abend in Südeuropa ohnehin traditionell wesentlich später beginnt als bei uns. Ein ganz typisches Nightlife-Erlebnis in Barcelona läuft etwa so ab: Man isst gegen 22 Uhr, besucht anschließend eine Bar und zieht spät bzw. früh – gegen 1 oder 2 Uhr – weiter in eine Technodisko, einen Salsaclub oder zu einem Jazzkonzert. Selbst Theatervorstellungen beginnen häufig erst um 22 Uhr, in manchen Kinos laufen die letzten Nachtfilme um 1 Uhr. Die Barceloneser gehen am liebsten in der Gruppe aus, schwatzen, lachen, flirten viel, trinken nur maßvoll und bleiben vor allem ständig in Bewegung – wer da mithalten will, braucht schon etwas Kondition.

Ein ausgesprochenes Vergnügungsviertel gibt es in Barcelona nicht. Das ist aber kein Mangel, ganz im Gegenteil: Jeder Stadtteil hat sein charakteristisches unterhaltsames Ambiente. Die **Rambles** und die **Plaça Reial** ❯ S. 74 mutieren allabendlich zum Laufsteg der vielen Amüsierwütigen; hier nimmt fast jede nächtliche

Am Port Olímpic ist auch nachts immer was los

»Tour de Force« durch Bars, Clubs und Diskos ihren Anfang. Östlich der Rambles, im **Barri Gòtic** und in **La Ribera,** wimmelt es von urigen Jazzkneipen, gut besuchten Bodegas und stimmungsvollen Cava- und Cocktailbars.

Die leicht angestaubten Hochburgen der Varieté-, Comedy- und Stripshows konzentrieren sich entlang der Avinguda del Paral.lel. Westlich der Rambles, im berühmt-berüchtigten **Barri Xinès,** treffen sich längst nicht mehr nur Halbwelt und Rotlichtmilieu: Inzwischen haben auch junge Szenefreaks mit Hang zum Abseitigen den »authentischen Schick« der finsteren Gassen mit den schummrigen Bars und Tätowierstudios für sich entdeckt. Durchgestylt bis ins Detail sind dagegen die Designerbars in der **Eixample.** Äußerst beliebt bei Studenten ist der 1897 eingemeindete Stadtteil **Gràcia ›** S. 127, der mit seinen schönen Plätzen noch einen Hauch dörflichen Charmes verströmt. Dort sitzt man in milden Sommernächten besonders angenehm vor den Bars und Cafés der Plaça del Diamant und Plaça del Sol.

Die größte Dichte an sogenannten Musikbars, in denen DJs den Besuchern lautstark mit den aktuellsten Scheiben einheizen, findet man nördlich der Diagonal in der **Zona Alta** (Santalo/Sant Gervasi), und an der neuesten Amüsiermeile, der **Vila Olímpica,** reihen sich Strandlokale und Bars im amerikanischen Stil nahtlos aneinander.

Kinos

■ **Filmoteca de la Generalitat de Catalunya**
Av. de Sarrià 33
Tel. 934 10 75 90
www.gencat.net
Ⓜ Hospital
Alte und neue Streifen. Alle Filme in Originalversion, teils mit Untertiteln.

■ **Méliès**
Villaroel 102
Tel. 934 51 00 51
www.cinesmelies.net
Ⓜ Sant Antoni
Filmklassiker aus allen Epochen und kleinere Neuproduktionen, teils in Originalsprache mit Untertiteln.

■ **Verdi**
Verdi 32
Tel. 932 38 79 90
www.cines-verdi.com
Ⓜ Fontana
Das größte Kino der Stadt; **von der EU für seine Programmvielfalt ausgezeichnet.** Filme in Originalsprache und Synchronfassung.

Echt gut!

Kinokultur

Die Katalanen sind begeisterte Kinogänger, was angesichts der niedrigen Eintrittspreise (ca. 4–7 €) wenig wundert. Bei Hollywood-Kassenschlagern stehen sie Schlange, aber auch die katalanische Filmkultur macht zunehmend von sich reden. Die meisten Produktionen werden synchronisiert und kommen in spanischer, teils auch katalanischer Sprache in die Kinos, einige Häuser zeigen aber auch Filme in Originalsprache mit Untertiteln.

Oper und Konzerte

■ **Gran Teatre del Liceu**
La Rambla 51–59
Tel. 934 85 99 00
www.liceubarcelona.com
Ⓜ Liceu
Berühmtes Opernhaus mit hervor-
ragenden Inszenierungen. Karten un-
bedingt rechtzeitig besorgen!

■ **Palau de la Música Catalana**
Sant Francesc de Paula 2
Tel. 902 44 28 82
www.palaumusica.org
Ⓜ Urquinaona
Ein Konzert in diesem grandiosen
Jugendstilpalast wird garantiert ein
unvergessliches Erlebnis bleiben. Der
Palau ist auch Stammhaus des renom-
mierten Chores »Orféo Català«.

■ **L'Auditori**
Carrer de Lepant 150
Tel. 932 47 93 00
www.auditori.org
Ⓜ Marina oder Monumental

Der prachtvolle Innenraum des
Gran Teatre del Liceu

Das moderne Auditori ist Spielstätte
von Barcelonas Symphonieorchester,
neben klassischer Musik gibt es aber
Konzerte aller Stilrichtungen.

Katalanisches Theater

Wer die Sprache gut beherrscht
und sich für katalanisches Theater interessiert, sollte sich nach
den Spielplänen der Ensembles
**Teatre Lliure, Els Joglars, La Cu-
bana** und **La Fura dels Baus** er-
kundigen ❭ S. 41. Veranstaltungs-
hinweise geben die Tagespresse
und die wöchentliche Programm-
zeitschrift »Guía del Ocio«.

Kartenvorverkauf bei Tel-Ent-
rades Caixa de Catalunya (Tel.
902 10 12 12), beim städtischen
Kulturbüro (Palau de la Virreina,
Rambles 99, Tel. 933 01 77 75)
und im Internet (www.telentrada.
com oder www.servicaixa.com).

Im Folgenden nur eine Auswahl an Bühnen:

■ **Espai Lliure, Montjuïc**
Plaça Margarida Xirgu 1
Tel. 932 89 27 70
www.teatrelliure.com
Ⓜ Plaça Espanya

■ **Teatre Nacional de Catalunya
(TNC)**
Plaça de les Arts
Tel. 933 06 57 06][**www.tnc.es**
Ⓜ Glòries

■ **Apolo**
Av. del Paral.lel 59
Tel. 934 41 90 07
www.teatreapolo.com
Ⓜ Paral.lel

■ **Victòria**
Paral.lel 67
Tel. 934 43 29 29
Ⓜ Paral.lel

Theater mit Feuer und Flamme

Das Gegenstück zum »seny«, dem angeblich so typischen Geschäfts- und Gemeinschaftssinn der Katalanen, bildet die »rauxa«, die Lust an der puren Anarchie, die ungestüme Leidenschaft. Sie findet ihren ästhetischsten Ausdruck auf der Bühne: Performance-Künstler und experimentelle Theatergruppen aus Barcelona sind berühmt für ihre irrwitzigen Darbietungen: Feuer, Wasser, aber auch Ölfarbe, Mehlstaub und Stierblut zählen zu den Standard-Requisiten der einschlägig bekannten Ensembles. Auch das Publikum bleibt häufig nicht verschont und wird ins Bühnengeschehen einbezogen.

Commedia dell'Arte und absurdem Theater. Die Themen sind häufig politisch-sozialer Natur. »Operació Ubú« (1988) parodierte Kataloniens Ministerpräsidenten Jordi Pujol, »El Nacional« (1993) nahm sich den staatlichen Kulturbetrieb vor. Die letzten Projekte widmeten sich großen (kultur-)historischen Persönlichkeiten. 2002 war es in »Daaalí« der katalanische Surrealist; 2003 zeigte der Film »Buen viaje, excelencia« die letzten Jahre des greisen Diktators Franco. Mit »La Cena« produzierte die Truppe 2008 eine Satire zum Thema Klimaveränderung und Globalisierung.

Els Joglars

»Die Spielleute« und ihr Mastermind Albert Boadella entwickeln seit 1962 ihre eigene Bühnensprache auf der Basis von Pantomime,

■ Els Joglars
Av. Països Catalans 5
08500 Vic (Barcelona)][**Apartat 55**
Tel. 938 83 24 43][**Fax 938 85 33 15**
www.elsjoglars.com

La Fura dels Baus

Die jungen Wilden von einst gehören längst zum Establishment der internationalen Theaterszene. Gegründet 1979, schockierte das Ensemble in Performances wie »Suz o Suz« (1985) und »Tier Mon« (1988) mit blutigen Tierkadavern, Motorsägen, nackten Körpern und brutalem Techno-Sound. Aber auch lyrische Szenen, die Geburt, Tod und soziale Isolation darstellen, faszinieren das Publikum. La Fura widmen sich heute intensiv den neuen Medien: »XXX« hieß ihr Versuch von 2004, Sexualität im Zeitalter von Internet und Pornoindustrie auf der Bühne eines »Teatro Digital« darzustellen – inspiriert vom Werk Marquis de Sades. 2007 war La Fura dels Baus mit der Kafka-Adaption »Die Verwandlung« auf Welttournee, 2008 geht es in »Imperium« um Imperialismus, Unterdrückung und Versklavung.

El Tricicle

Slapstick ohne Worte, Philosophie und blanker Unsinn: Dass dies sehr wohl zusammenpasst, beweist das Trio mit Carles Sans, Paco Mir und Joan Gràcia seit 1979. Ihre Performances »Exit« (1984), »Slastic« (1986) und »Entretres« (1996) widmen sich den komischen Abgründen der menschlichen Natur. 2008/2009 tourt »Das Dreirad« mit der Komödie »Sit« und der Monty-Python-Adaption »Spamalot« durch Spanien und das restliche Europa (www.tricicle.com).

Ein kleines Gesamtkunstwerk für sich ist auch die Homepage der Truppe.

■ La Fura dels Baus
Pujades 77–79 (2–6)
08005 Barcelona][**Poblenou**
Tel. 936 62 40 47][**Fax 936 63 41 11**
www.lafura.com

Els Comediants

Ihr »Theater der Sinne« betreibt das erfolgreiche Bühnenkollektiv unter Leitung von Joan Font seit 1971. Als Quelle ihrer Kreativität begreifen die Comediants den urmediterranen Hang zu Volksfesten, Feuerwerk, Tanz und Ritus in jeder Form. Als Bühne dienen offene Plätze, Parks und Straßen; die Grenzen zwischen Theater, Magie und Zirkus sind fließend.

■ Comediants
Apartat de Correus 2
08360 Canet de Mar
Tel. 937 95 48 59][**Fax 937 94 18 58**
www.comediants.com

Spielstätten des Avantgarde-Theaters

■ Mercat de les Flors
Lleida 59
Tel. 934 26 18 75
www.mercatflors.org
Ⓜ Espanya

■ Sala Beckett
Alegre de Dalt 55
Tel. 932 84 53 12
www.salabeckett.com
Ⓜ Joanic

■ Espai Mer
Sant Josep Oriol 17
Tel. 934 42 01 62
www.espaimer.com
Ⓜ Liceu

Am Abend

Bars und Pubs

■ Boadas
Tallers 1
Ⓜ Catalunya
Die älteste und, wie viele meinen, auch
die beste Cocktailbar der Stadt.

■ El Xampanyet
Montcada 22
Ⓜ Jaume I
Äußerst beliebte Cava-Bar, immer sehr
gut besucht.

■ Ginger
Lladó 2][Tel. 933 10 53 09
Ⓜ Jaume I
Wein- und Tapas-Bar in einem, außer-
dem gibt es im Ginger gute Cocktails.
Ambiente-Musik.

■ Schilling
Ferrán 23
Ⓜ Jaume I
Altes Kaffeehaus, neu aufgepeppt –
ausgesprochen in.

■ Bar Bodega Teo
Ataulf 18
Ⓜ Drassanes
Tagsüber Stammpublikum aus der
Nachbarschaft, abends sehr gut
besuchte In-Kneipe.

■ La Confitería
Sant Pau 128
Ⓜ Drassanes
Die stilvolle Bar hat sich in einer frühe-
ren Konditorei eingerichtet.

■ Marsella
Sant Pau 65
Ⓜ Drassanes
Wie das Barri Xinès selbst: etwas zwie-
lichtig, heruntergekommen – und
plötzlich wieder angesagt.

■ Pastis
Santa Mónica 4
Ⓜ Drassanes
Piaf und Gréco vom Band, Absinth aus
verstaubten Flaschen: Barri Xinès pur.

■ Mirablau
Plaça Dr. Andreu s/n
Ⓜ Tibidabo
Cocktails und Tapas; schicke Terrasse
mit einzigartigem Stadtpanorama.

■ Mojito Bar
Local 59, Maremàgnum
Ⓜ Barceloneta
Leckere Cocktails, Salsa und Merengue
in stets fröhlicher Atmosphäre.

■ Casa Quimet
Rambla del Prat 9
Ⓜ Fontana
Szene-Legende in Gràcia mit Hunder-
ten Gitarren an den Wänden.

■ Eldorado
Plaça del Sol 4
Ⓜ Fontana

Die Barcelonesen sind Nachtschwärmer und lieben ihre kleinen
Bars wie diese an der Plaça del Pi

Postmoderne *bar musical* mit Terrasse mitten in Gràcia.

■ **Glaciar**

Plaça Reial 3

Ⓜ Liceu

Beliebter Treff unter den Arkaden der Plaça.

■ **Nick Havanna**

Rosselló 208

Ⓜ Diagonal

TV-Mattscheiben, Riesenpendel und Literatur aus dem Automaten – ein Designer-Mekka.

■ **Velvet**

Balmes 161

Ⓜ Provença

Designer-Bar und Disko im Retrolook der 1950er-Jahre.

Diskos und Clubs

■ **Carpe Diem Lounge Club (CDLC)**

Passeig Marítim 32

Tel. 932 24 04 70

Ⓜ Ciutadella

Super cooler und entsprechend gut besuchter In-Spot am Passeig Marítim mit Terrasse.

■ **Space**

Tarragona 141][Tel. 934 26 84 44

Ⓜ Tarragona

Durchfeierte Nächte

In Barcelona dauert das Wochenende von Donnerstag bis Samstag – und dann sind die Nachtschwärmer ruheloser denn je. Bis zum Tagesanbruch durchmachen, um 4 Uhr auf der Avinguda del Diagonal im Stau stehen, an einem Café-tisch in Gràcia den Sonnenaufgang begrüßen, das ist am Wochenende nicht unüblich.

Großer Club im Ibiza-Stil; House und gute Stimmung.

■ **Karma**

Plaça Reial 10][Tel. 933 02 56 80

Ⓜ Liceu

In dem äußerst beliebten Rockclub Karma trifft sich ein gut gemischtes Publikum.

■ **La Macarena**

Nou de Sant Francesc 5

Tel. 933 17 54 36

www.macarenaclub.com

Ⓜ Drassanes

Diskotthek und Nachtclub in einem alten *tablao* (Flamenco-Lokal). **Fr und** **E** **Sa steht Flamenco live auf dem Programm.**

■ **Moog**

Arc del Teatre 3][Tel. 933 01 72 82

Ⓜ Drassanes

Das Neueste für Fans von Techno und Elektronik.

■ **Maumau**

Fontrodona 33][Tel. 934 41 80 15

Ⓜ Paral.lel

Großer Chill-Out-Club mit elektronischer Musik, Sofas und Dia-Projektionen zur Musik.

■ **Otto Zutz**

Lincoln 15

Tel. 932 38 07 22][www.ottozutz.es

Ⓜ Fontana

Ein Klassiker der urbanen Avantgarde. Verschiedene Bereiche mit Disko und Lounge, teils Livemusik. Ziemlich heikle Türsteher.

Rock, Jazz und Latin

■ **La Cova del Drac**

Vallmajor 33 (Plaça Adriano)

Tel. 932 00 70 32

Ⓜ Muntaner

Alteingesessener Jazzclub mit langer Tradition.

Am Abend

■ Jamboree
Plaça Reial 17][Tel. 933 19 17 89
 Liceu
1959 als Jazzclub eröffnet, heute wird auch Funk, Hip-Hop und Latin live gespielt.

■ KGB
Alegre de Dalt 55
Tel. 932 10 59 01
 Joanic
Traditionsreicher Rockclub, regelmäßig auch Konzerte.

■ Razzmatazz
Almogàves 122
Tel. 933 20 82 00
 Bogatell
Livebühne, die freitags und samstags in fünf verschiedene Clubs mit unterschiedlichen Musikrichtungen umgewandelt wird.

Diverses

■ El Tablao de Carmen
Arcs 9, Poble Espanyol
Tel. 933 25 68 95
 Espanya
Flamenco-Shows. Immer gut besucht, unbedingt reservieren!

■ El Cangrejo
Montserrat 9
 Drassanes
Schrilles Gay-Varieté, **grandioser Kitsch und Travestie.**

■ Teatre Apolo
Paral.lel 57
Tel. 934 41 90 07
 Paral.lel
Musical und Varieté in einem in die Jahre gekommenen Theater an der Paral.lel.

■ Gran Casino Barcelona
Sant Pere de Ribes (42 km südlich) Roulette, Black Jack und Disko in einem romantischen Bau des 19. Jhs.

¡A Bailar! Tanzen in Barcelona

■ La Paloma, Tigre 27,
Tel. 933 17 79 94, www.lapaloma-bcn.com, Universitat. Plüschiger Tanzpalast von 1903. Am frühen Abend spielt ein Orchester alles von Cha-Cha-Cha bis zu Sevillanas, nach Mitternacht gibt es Techno und Club-Sound.

■ Antilla BCN, Arragó 141,
Tel. 934 51 45 61, www.antillasalsa.com, Urgell. Salsa, Son, Samba – einfach alle Arten von Latin Music live und vom DJ; außerdem gibt es Tanzkurse sowohl für Anfänger als auch für Könner.

■ Bikini, Deu i Mata 105,
Tel. 933 22 08 00,www.bikinibcn.com, Les Corts. Livemusik und drei Tanzflächen mit Musik für nahezu jeden Geschmack – eine echte Institution.

■ La Terrrazza, Av. Marqués de Comillas s/n, Poble Espanyol,
www.laterrrazza.com, Espanya. Im Sommer unbedingt empfehlenswert – die schönste Open-Air-Disko der Stadt.

■ Luz de Gas, Muntaner 246,
Tel. 932 09 77 11, www.luzdegas.com, Muntaner. Umgebautes altes Musicaltheater mit sehr viel Atmosphäre. Soul, Funk und Salsa am Wochenende, gelegentlich auch Livekonzerte.

■ Club Fellini, Rambles 27,
Tel. 932 72 49 80, www.clubfellini.com, Liceu. Der schrillste Club der Altstadt im Freudenhaus-Outfit, drei Tanzflächen: Techno, Dancefloor und Rock.

Land & Leute

Steckbrief][Geschichte im Überblick][
Die Menschen][Kunst und Kultur][
Feste und Veranstaltungen

Barcelona

Status: Hauptstadt der Autonomen Region Katalonien sowie der Provinz Barcelona.
Lage: 4 m ü. d. M.;
Entfernung nach Madrid 621 km, zur französischen Grenze (bei Le Perthus) 185 km.
Fläche: 99,07 km² (Stadtgebiet), 500 km² (Großraum). Anteil der Grünflächen: 8,5 %. Straßen und bebaute Fläche: 76 %.

Einwohner: 1,7 Mio. im Stadtgebiet, 3,1 Mio. im Großraum; Bevölkerungsdichte: 16 580 Einw./km²
Kultur: 48 Museen, 90 Kunstgalerien, 76 Stiftungen und Kulturzentren, 34 Theater, 100 Kinos.
Tourismus: ca. 6 Mio. Gäste (2008), zzgl. 530 000 Kreuzfahrtpassagiere. Gästebetten: 32 000 in Hotels, 9000 in Pensionen.
Landesvorwahl: 00 34
Währung: Euro
Zeitzone: MEZ (mit Sommerzeit)

Lage

Die Natur setzt Barcelonas Ausdehnungsmöglichkeiten sehr enge Grenzen: Eingezwängt zwischen dem Meer im Osten, dem Hausberg Montjuïc (213 m) im Süden und den Ausläufern der Serra de Collserola mit dem Tibidabo (532 m) im Westen, ist der Siedlungsraum knapp bemessen. Kein anderes Gebiet Spaniens weist eine höhere Bevölkerungsdichte auf.

Dass Wohnraum ein knappes Gut ist, lässt sich unschwer am insgesamt hohen Mietniveau ablesen. Auch findet man in Barcelona weit weniger Grünflächen als beispielsweise in Madrid, das sich auf der weitläufigen kastilischen Meseta viel freier entfalten konnte. Zum Ausgleich dafür können die Barceloneser es sich aber im Sommer an den ungefähr 5 km langen Sandstränden von Barceloneta und Nova Icària gut gehen lassen.

Wirtschaft

Zum *milagro español*, dem gepriesenen spanischen Wirtschaftswunder der 1980er-Jahre, trug Barcelona entscheidend bei. Kata lonien, das mit rund 6 Mio. Einwohnern etwa 15 % der spanischen Gesamtbevölkerung stellt, erwirtschaftet rund 20 % des Bruttosozialprodukts.

Noch deutlicher spricht das Exportvolumen für die ökonomische Kraft der Region: Katalonien steuert rund ein Viertel zum spanischen Außenhandel bei. Dabei gehen fast alle Impulse vom Großraum Barcelona aus, denn dort lebt und arbeitet über die Hälfte der katalanischen Bevölkerung.

Nicht zuletzt aus ihrem wirtschaftlichen Potenzial schöpfen die Katalanen ihr Selbstbewusstsein. *Fem País* (»Wir machen uns ein Land«) – diese vollmundige Losung hat die katalanische Regierung *Generalitat* für das neue Jahrtausend ausgegeben.

Politik und Verwaltung

Ciutat Comtal, »Gräfliche Stadt«, wird Barcelona in Katalonien oft genannt, weil es die Residenz der Grafen von Barcelona und späteren Könige von Aragón war. Die Hauptstadt der Region demonstriert ihre Sonderstellung bei jeder Gelegenheit.

Durch das Autonomiestatut von 1979 ist Katalonien fest im Staatssystem der konstitutionellen Monarchie verankert, besitzt aber eine eigenen Regierung (Generalitat) und weitgehende Selbstverwaltungsrechte.

Ein politischer Erdrutsch ereignete sich 2003 in Katalonien. Erstmals seit der Autonomie gewann ein Sozialist im Regionalparlament: Pasqual Maragall (geb.

1941), 1982–1997 als Bürgermeister von Barcelona überaus populär, schaffte das kleine Wunder und wurde Nachfolger von Jordi Pujol, der die Region seit 1980 mit seiner konservativen *Convergencia i Unió* geführt hatte. Maragalls Erbe trat 2006 dessen Parteifreund José Montilla an – ein geborener Andalusier!

In Barcelona selbst haben traditionell die Sozialisten das Sagen. Nachfolger Pasqual Maragalls als Bürgermeister war Joan Clos (geb. 1949), als dessen vordringlichstes Ziel die Stärkung des *civisme,* des Bürgersinns der Barceloneser galt, die gegen den Verfall der Sitten, gegen Vandalismus, Drogensucht und Kleinkriminalität zusammenstehen sollen.

Seit 2006 ist der erst 41-jährige Jordi Hereu, ein erklärter Pragmatiker und Berufspolitiker, im Amt.

Stadtnah: Natur pur

Ideale Reviere für Wanderer und Bergsteiger locken nur ein bis zwei Autostunden von Barcelona entfernt im Landesinnern, so in der Serra de Montseny (1712 m) und unweit des katalanischen Nationalheiligtums am Montserrat (1236 m, › S. 130). Wer sich auf die Schnelle von der Großstadthektik distanzieren will, kann in der unverbauten Berglandschaft des 6550 ha großen Parc Natural de Collserola durchatmen – und das so nah der Stadt, dass man sie nie ganz aus den Augen verliert.

Geschichte im Überblick

Um 1000 v. Chr. Viele Legenden umranken Barcelonas Entstehung, eine davon erhebt sogar Herkules zum Stadtgründer. Fest steht, dass die Iberer um 700 v. Chr. das fruchtbare Gebiet zwischen dem Riu Llobregat im Süden und Riu Besòs im Norden besiedeln.

Um 600 v. Chr. Griechen gründen an der Costa Brava Empúries und andere Handelsbasen.

Um 300 v. Chr. Karthager dringen bis Katalonien vor.

Ab 218 v. Chr. Hannibals Überschreitung des Ebro löst den Zweiten Punischen Krieg zwischen Rom und Karthago aus. Rom erobert Katalonien und gründet schließlich die Provinz Hispania Citerior mit Tarraco (Tarragona) als Hauptstadt.

200 v. Chr.–300 n. Chr. Rund um das Forum (heute Plaça de Sant Jaume) entsteht der prächtige Kern des aufblühenden römischen Barcelona.

456 n. Chr. Westgoten erobern Barcelona, das Hauptstadt des Westgotischen Reiches wird.

713 Die Mauren besetzen Barcelona. Ihr Einfluss wirkt hier weniger nach als in anderen Teilen Spaniens.

801 Die Franken nehmen Barcelona ein und machen es zur Hauptstadt der Marca Hispanica.

988 Geburt einer Nation: Borell II verkündet die Autonomie der Grafschaft Barcelona und legt damit den Grundstein für das vom Frankenreich unabhängige Katalonien.

1137 Berenguer IV, Graf von Barcelona, heiratet Petronilla, die Thronfolgerin Aragóns; Barcelona wird Hauptstadt des Königreichs Aragón. Die katalanisch-aragonesische Konföderation dehnt ihre Mittelmeermacht bis Neapel (1284) und Sardinien (1295) aus. Das Barri Gòtic entsteht.

1359 Die seit 1289 unregelmäßig tagende Ständevertretung Corts Catalanes wird offiziell eingesetzt.

1469 Fernando II von Aragón heiratet Isabella I von Kastilien. Die Vereinigung dieser christlichen Reiche führt 1492 zur Rückeroberung *(Reconquista)* von Granada, der letzten Maurenbastion in Spanien.

1639 Die katalanischen Stände erheben sich, unterstützt vom französischen König Louis XIII, gegen Felipe IV. Erst 1651 erobern kastilische Truppen Barcelona zurück.

1714 Am 11. September nimmt der Bourbone Felipe V Barcelona ein, das im Spanischen Erbfolgekrieg (1701–1713/14) mit den Habsburgern paktiert hatte. Er schafft die Corts Catalanes ab und lässt für die Zitadelle das Viertel Ribera abreißen. Der 11. September ist Nationalfeiertag der Katalanen.

1808–1814 Im Spanischen Unabhängigkeitskrieg zerstören Napoleons Truppen große Teile der Stadt, vor allem Kirchen und Klöster.

Ab ca. 1830 Während der industriellen Revolution mausert sich die Stadt zu Spaniens technologischer Vorreiterin: 1833 nimmt in Barcelona Spaniens erste Dampfmaschine, 1848 die erste Eisenbahn (Barcelona–Mataró) den Betrieb auf. Wegen des Bevölkerungswachstums platzt die Altstadt aus allen Nähten, ab 1860 beginnt der Bau der Eixample.

1888 Erste Weltausstellung auf dem Areal der ehemaligen Zitadelle. Blütezeit des Modernisme.

1914 Ausrufung einer katalanischen Provinzialregierung *(Mancomunitat Catalana)*, die der Militärdiktator Primo de Rivera 1925 abschafft.

1929 Zweite Weltausstellung am Montjuïc.

1932 Die Zweite Spanische Republik räumt Katalonien die Autonomie ein; der Spanische Bürgerkrieg (1936–1939) beendet den Aufbruch.

1939 Franco erobert das republikanische Barcelona und unterdrückt fortan konsequent katalanische Lebensweise und Sprache sowie das Brauchtum.

1975 Franco stirbt. Juan Carlos I wird König, Spanien mit der vom Volk gebilligten Verfassung von 1978 eine konstitutionelle Monarchie und Katalanisch *(català)* Amtssprache.

1979 Autonomiestatut für Katalonien. Präsident der 1980 ge-

Seefahrtsgeschichte im Museu Maritim

wählten Regionalregierung wird Jordi Pujol.

1986 Spanien tritt der EU bei (ab 1993 Vollmitglied). Barcelona erhält den Zuschlag für die Olympischen Spiele 1992; eine rege Bautätigkeit setzt ein.

1992 Im Jahr der 500-Jahr-Feier der Entdeckung Amerikas finden in Barcelona die XXV. Olympischen Sommerspiele statt.

2003 Der Sozialist Pasqual Maragall löst Jordi Pujol als Ministerpräsident Kataloniens ab.

2004 Die Sozialisten gewinnen die spanischen Parlamentswahlen. Die Stadt erklärt sich zur stierkampffreien Zone.

2006/2007 Verhandlungen über die erweiterte Autonomie: Katalonien soll »Nation« werden.

2008 Die Eröffnung der Schnellzuglinie AVE verkürzt die Reisezeit von Barcelona nach Madrid auf 2 Std. 38 Min.

Die Menschen

Barcelona-Besucher sollten sich darüber im Klaren sein, dass sie nicht irgendeinen Teil Spaniens besuchen, sondern die Hauptstadt der Autonomen Region Katalonien. Manch ein Katalane reagiert nämlich äußerst missmutig auf Leute, die diesen feinen Unterschied nicht kennen oder ihren ausgeprägten Nationalstolz als folkloristische Nostalgie abtun. Nicht von ungefähr besitzen Spaniens Autonome Regionen heute das verbriefte Recht auf Selbstverwaltung und Kulturhoheit.

Rivalität zwischen Barcelona und Madrid

Den Katalanen sitzt der Stachel der Abneigung gegen den Rest Spaniens – vor allem gegen Madrid – tief im Fleisch und hat Geschichte. Die Ursachen der Rivalität zwischen Barcelona und der spanischen Zentralmacht, verkörpert von Madrid, reichen zurück bis ins 16. Jh. Damals schloss die kastilische Krone Barcelona vom Seehandel mit den neuen Kolonien in Amerika aus und bewirkte so den ökonomischen Niedergang der Stadt. Außerdem unterdrückte die Zentralmacht bis zum Ende der Franco-Diktatur alle Unabhängigkeitsbestrebungen Kataloniens.

So verwundert es nicht, dass die Barceloneser empfindlich auf Ungerechtigkeiten reagieren und sich bis heute beklagen, von der angeblichen Beamtenhochburg Madrid benachteiligt zu werden, etwa bei der Vergabe öffentlicher Gelder. Gepflegt und angeheizt von den Medien wird die »gute alte Feindschaft« zwischen Barcelona und Madrid vor allem bei sportlichen und kulturellen Events. Fußballspiele z.B. werden so zu nationalen Schicksalsstunden, Gourmets und Szenekenner zu nimmermüden Fans, die entweder der einen oder der anderen Metropole die Top-Museen, exklusivsten Restaurants und coolsten Clubs zusprechen.

Català ist wieder die Hauptsprache in Katalonien

Das Verhältnis zu den Südspaniern

Ebenfalls nicht unbelastet ist das Verhältnis zwischen den Katalanen und den Südspaniern aus Andalusien und Murcia. Nach dem Bürgerkrieg ließ Franco viele Familien aus diesen traditionell ärmeren Regionen in den Großraum Barcelona umsiedeln, um die Industrie mit billigen Arbeitskräften zu versorgen und zugleich die nationale Einheit der Katalanen zu unterhöhlen. Die meisten dieser Zuwanderer sind bis heute wirtschaftlich schlechter gestellt als katalanische Barceloneser.

Immer noch kursieren hier wie dort Scherze und Spitznamen. So nennen die Katalanen die Andalusier *loleilos,* weil das sinnfreie, beim Flamenco-Gesang oft intonierte »loleilo« so gut in ihre Vorstellung von der Leichtlebigkeit der Südspanier passt. Umgekehrt bezeichnen die Andalusier die Katalanen als *polacos* (»Polen«), weil das *català* für sie so unverständlich klingt wie das Polnische. Außerdem seien die Katalanen kaltherzig, übertrieben rational und geldgierig. Ihr *seny,* ihr viel zitierter Geschäfts- und Gemeinschaftssinn, trüge die Schuld daran, dass Barcelona keine Zeit für Musik und Tanz finde, kurzum nicht zu leben verstehe. Aber allzu ernst betreibt das Klischee-Pingpong zum Glück niemand mehr.

Eine Stadt, zwei Sprachen

Wie andere romanische Sprachen geht das Katalanische zurück auf das Vulgärlatein, das in den römischen Kolonien gesprochene Latein. Durch den blühenden Seehandel verbreitete sich die Volkssprache der Barceloneser im gesamten westlichen Mittelmeerraum, u.a. auf den Balearen, im französischen Roussillon und in Teilen Italiens (im sardischen Alghero spricht eine Minderheit bis heute *català*). Dichter wie der Mallorquiner Ramon Llull (13. Jh.) und Joanot Martorell aus València (15. Jh.) erhoben *català* zur Kultursprache. Unter den Bourbonenkönigen und vor allem unter Franco als »schlechter Dialekt« und »Sprache der Hinterhöfe« verpönt und verboten, geriet das Katalanische beinahe in Vergessenheit. Salonfähig und stolzer Ausdruck kultureller Eigenständigkeit wurde es erst wieder nach Francos Tod 1975. 1978 erklärte die neue spanische Verfassung alle Landessprachen (Kastilisch, Katalanisch, Baskisch, Galicisch) zum nationalen Kulturerbe.

Seither hat die Generalitat ganze Arbeit geleistet: Mit dem Normalisierungsgesetz von 1983 *(Llei de Normalització Lingüística)* ebnete sie der Katalanisierung des öffentlichen Lebens den Weg. Katalanisch wird an allen Schulen und Universitäten gelehrt, nach Katalonien Zugereiste gleichen sprachliche Defizite durch Privatunterricht aus und Touristen stehen meist ratlos vor den »politisch korrekt« beschrifteten Museumsexponaten. Undogmatische Intellektuelle fordern daher bereits die Normalisierung der Normalisierung, um Barcelonas gut 40 % Nichtkatalanen nicht noch stärker zu benachteiligen. Barcelona-Besucher können aber angesichts der Zweisprachigkeit im Alltag aufatmen: Im Gespräch mit Fremden schalten die meisten Barceloneser bereitwillig um auf *castellano.*

Kunst und Kultur

Frühzeit und Mittelalter

Antike Säulenreste, Büsten und Schmuck aus der **Römerzeit** wurden in großer Zahl rund um die Kathedrale entdeckt; das historische Stadtmuseum 〉 S. 81 präsentiert eine Auswahl der Funde. Die strenge Schönheit der **Romanik,** zu deren Relikten die einzigartigen Apsisfresken nordkatalanischer Kirchen zählen, kann man im Museu Nacional d'Art de Catalunya 〉 S. 109 bewundern. In der frühen Blütezeit des vereinten Königreichs Katalonien-Aragón verewigten sich in Barcelona Könige, Adelige und Kaufleute mit großartigen Bauten der **Gotik** wie der Kathedrale 〉 S. 83, der Kirche Santa Maria del Mar 〉 S. 95 sowie den Palästen an der Plaça del Rei 〉 S. 79 des Barri Gòtic. Renaissance, Barock und Klassizismus dagegen hinterließen in Barcelona kaum Spuren.

Kataloniens Wiedergeburt

Erst in der zweiten Hälfte des 19. Jhs. bescherte Barcelonas ökonomischer Aufschwung der Kultur wieder frische Inspiration. Kataloniens **Renaixença** (»Wiedergeburt«) belebte die Literatur, bildende Künste und Architektur. Der Stadtplaner Ildefons Cerdà realisierte mit dem Entwurf der Eixample seine Vision eines modernen Urbanismus, junge Architekten wie Antoni Gaudí setzten mit dem katalanischen Jugendstil, dem **Modernisme** 〉 S. 55), neue Akzente. Die Maler Marià Fortuny (1838–1878), Ramón Casas (1866 bis 1932) und Santiago Rusiñol (1861–1931) projizierten den Modernisme auf die Leinwand. Als konservativ-rationale Gegenreaktion auf den exzentrischen Stil entwickelte sich der **Noucentisme,** eine katalanische Interpretation des Klassizismus, der u.a. den Palau Nacional 〉 S. 109 kennzeichnet.

Mitten auf den Rambles trifft man auf ein riesiges Mosaik von Miró

Maler und Bildhauer

In den Jahren vor dem Ausbruch des Spanischen Bürgerkriegs versammelte sich in Barcelona Europas Boheme. **Joan Miró** (1893 bis 1983) wollte seine mediterran farbenfrohe Kunst nicht allein in In-

Der Modernisme

Der Jugendstil, die Gegenbewegung zu den historisierenden Stilen des 19. Jhs., fiel im Barcelona der Renaixença auf fruchtbaren Boden. Der **Modernisme** versuchte, moderne Techniken wie Eisen- und Betonkonstruktionen mit Elementen der Gotik, der Natur entlehnten Formen und natürlichen Materialien wie Keramik, Glas und Holz zu verbinden. Auch das mediterrane Ambiente floss in die Konzeption von **Lluís Domènech i Montaner** (1850 bis 1923) und **Josep Puig i Cadafalch** (1867–1957) ein. So entstanden imposante, teils bizarre Bauten, die nach der Synthese von technisch Machbarem und optimaler Wohnqualität strebten.

Weiter als andere Architekten ging **Antoni Gaudí i Cornet** (1852–1926). Sein Markenzeichen sind fließende Linien im Innern wie an den Fassaden, Treppenhandläufe in der organischen Form von Rückgratwirbeln, schwellende – an der Casa Batlló › S. 120 wie venezianische Masken erscheinende – Balkone und die warmen Farben des ornamentalen Überzugs aus Keramikscherben *(trencadís)*. Die Barceloneser schätzten den Exzentriker zunächst wenig. Die Casa Milà › S. 122 etwa betrachteten sie als Verschandelung der feinen Neustadt.

Ab 1883 arbeitete Gaudí an der **Sagrada Família** › S. 124. Die Kirche wurde sein – bis dato unvollendetes – Lebenswerk. Wie kein anderer Bau sollte sie seine Vorstellung von menschengerechter Architektur verwirklichen, ein Gesamtkunstwerk werden, das sich der Formen und Materialien der Natur sowie moderner Statik bediente, um so organisch gewachsen zu erscheinen. Im Alter wandelte sich Gaudí zum wunderlichen Kauz. Er nächtigte auf der Baustelle der Sagrada Família und bettelte Passanten um Spenden an. 1926 erfasste ihn eine Straßenbahn. Zerlumpt wie er war, starb Gaudí zunächst unerkannt im Armenkrankenhaus Hospital de la Santa Creu. Seine Kirche aber wurde zu Barcelonas Wahrzeichen. Diskussionsstoff liefert sie bis heute: Die einen plädieren für den Weiterbau, die anderen dafür, sie als das zu belassen, was sie ist: »Gaudís Unvollendete«.

nenräumen verschlossen wissen und vermachte seiner Geburtsstadt ein riesiges Pflastermosaik auf den Rambles. Der Surrealist **Salvador Dalí** (1904–1989), ebenfalls ein gebürtiger Katalane, blieb im Exil seiner Heimat eng verbunden. Sein berühmtes Teatre-Museu Dalí steht allerdings 200 km nördlich von Barcelona, in Figueres. Der geniale **Pablo Picasso** (1881–1973) kam zwar in Málaga zur Welt, verbrachte aber seine Jugend und die ersten Akademiejahre in Barcelona.

Während des Spanischen Bürgerkriegs und der Franco-Diktatur verkam ganz Spanien zur kulturellen Einöde. Immerhin konnte sich der gebürtige Barceloneser **Juli Gonzàlez** (1876–1942) als Metallbildhauer des Kubismus und Konstruktivismus auch international einen Namen machen. **Susana Solano** (geb. 1946) verbindet traditionelles Handwerk mit den Formen der Minimal Art. Kataloniens wohl bekanntester Künstler der Gegenwart ist **Antoni Tàpies** (geb. 1923), mit seinen Materialbildern einer der bedeutendsten Vertreter des Informel.

Glanzlichter der Moderne

Herausragende moderne Baukunst findet man vor allem rund um den Montjuïc: den Pavelló Barcelona (1929) von Ludwig Mies van der Rohe, die Fundació Joan Miró (1975) von Josep Lluís Sert und die olympischen Bauten von 1992, darunter die Mehrzweckhalle Palau Sant Jordi des Japaners Arata Isozaki. Zu den postolympischen Großtaten des Nou Urbanisme zählen der Port Vell, das Museu d'Art Contemporani von Richard Meier, der Funkturm von Norman Foster auf dem Tibidabo sowie der Neubau des Teatre Nacional durch Barcelonas Stararchitekten Ricard Bofill.

Am Erscheinungsbild des Museu d'Art Contemporani von US-Stararchitekt Richard Meier scheiden sich die Geister

Special

Die Erben Gaudís

Kein Zweifel: Der Star unter den zahlreichen bekannten katalanischen Architekten war, ist und bleibt Antoni Gaudí (1852–1926). Aber auch die aktuelle Generation von Starbaumeistern in Barcelona trägt weiterhin zum Ruf der Stadt als internationales Trend-Labor in Sachen Architektur und Stadtplanung bei.

Die Katalanen und ein Kastilier

■ **Ricard Bofill.** Der Großmeister der katalanischen Postmoderne. Von ihm stammt der grandiose Neubau des Teatre Nacional de Catalunya (Plaça de les Arts, Ⓜ Glòries) und »Walden 7«, ein bahnbrechendes Wohnhaus-Experiment aus 400 Container-Waben im Vorort Sant Just Desvern.

■ **Oriol Bohigas.** Gründervater des Neuen Urbanismus. Als oberster Stadtplaner war er verantwortlich für die Modernisie-

rung der einstigen Schmuddelviertel El Raval und Barri Xinès. Unter seiner Federführung entstand auch die Vila Olímpica ›
S. 101 (Ⓜ Ciutadella) und der Palau Nou (Rambles, 94, Ⓜ Liceu), ein futuristisches Kaufhaus mit Natursteinfassade und einem frechen »Guckloch« auf den Kirchturm an der Plaça del Pi.

■ **Manuel Brullet.** Der Träger des renommierten Puig-i-Cadafalch-Preises schuf die postmoderne Stahl-und-Glas-Fassade des Krankenhauses Hospital del Mar (Passeig Marítim 25–29, Ⓜ Barceloneta).

■ **Rafael Moneo.** Der vor allem in Madrid tätige Kastilier gilt als einer der neuen Stars der spanischen Architektur. In Barcelona hat sich Moneo 1999 mit seinem Konzerthaus L'Auditori (Plaça de les Arts, Ⓜ Glòries) verewigt.

■ **Albert Viaplana** und **Helio Piñón.** Vom Reißbrett des katalanischen Teams stammt die Plaça dels Països Catalans vor dem Hauptbahnhof Sants – für die einen eine geglückte Raum-Kunst-Installation, für andere ein einziges Ärgernis aus kaltem Beton und kalkulierter Provokation.

■ **Santiago Calatrava.** Auf dem Montjuïc schraubt sich die schneeweiße Torre Telefónica des Valencianers in den Himmel, und die Eisenbahnbrücke Pont Felip II (Bac de Rodas, Ⓜ Navas) gilt mit ihren gegeneinander laufenden Fachwerkbögen als technische und ästhetische Meisterleistung.

Internationale Größen in Barcelona

■ **Sir Norman Foster.** Der britische Baumeister schuf mit dem Telekommunikationsturm Torre de Collserola 1992 ein weithin sichtbares Wahrzeichen. Vom Mirador des 290 m hohen Turms hat man eine tolle Aussicht. An-

Die Torre Telefónica

fahrt mit der Vallvidrera-Zahnradbahn (Peu del Funicular), dann per Bus Nr. 211 (www.torredecollserola.com, Mi–Fr 11–14.30, 15.30–18, Sa/So 11–18 Uhr).

■ **Arata Isozaki.** Der Japaner schuf den Palau de Sant Jordi auf dem Olympia-Gelände Montjuïc. Ihren Kosenamen »Schildkröte« verdankt die Sporthalle dem silbrig glänzenden Kuppeldach (geöffnet nur zu Veranstaltungen).

■ **Richard Meier.** Das Museu d'Art Contemporani (1995) ❯ S. 68, der quaderförmige Prestigebau des US-Architekten, präsentiert sich mitten in Raval wie ein vom Himmel gefallenes UFO. Über das Äußere kann man streiten, über jeden Zweifel erhaben sind die großen, lichtdurchfluteten Innenräume (Mo–Fr 11 bis 19.30, Sa 10–20, So 10–15 Uhr).

■ **Jean Nouvel.** Die von ihm konzipierte 144 m hohe Torre Agbar ist ein Symbol des Barcelona des 21. Jhs. Der nachts spektakulär illuminierte Wolkenkratzer der städtischen Wasserwerke wurde 2005 fertig (Ⓜ Glòries).

Erkundungen

Die Hochschule für Architektur organisiert Themenexkursionen auf Deutsch und Englisch (Auskunft und Anmeldung: **Col.legi d'Arquitectes de Catalunya (COAC),** Plaça Nova 5, Tel. 934 12 79 03, www.coac.net).

Verschiedene Themenrundgänge, individuell mit Plan oder geführt, bietet auch das **Fremdenverkehrsamt** ❯ S. 137 an.

Literatur

Die Ideen der katalanischen Renaixença vertraten der Lyriker **Jacint Verdaguer** (1845–1902) und vor allem der Romancier **Joan Maragall** (1860–1911). **Mercè Rodoreda** (1909–1983) entführt mit sanfter Poesie in Barcelonas Stimmungswelt, das Barcelona der 1950er- und 1960er-Jahre porträtiert **Juan Mersé** (geb. 1933).

Den Spanischen Literaturpreis erhielt 1995 **Manuel Vázquez Montalbán** (1939–2003). Pepe Carvalho, der ebenso kauzige wie genusssüchtige Privatdetektiv seiner Krimis, hat auch im deutschsprachigen Raum längst seine Fangemeinde. Er steckt seine Spürnase in das Barri Xinès, aber auch in die schicke Oberstadt.

Eine weitere Krimiserie, deren erster Teil »Mord auf Katalanisch« (Piper 2008) heißt, stammt aus der Feder von **Teresa Solana** (geb. 1962); die eigentliche Hauptrolle spielt hier jedoch Barcelona.

Fast schon ein Barcelona-Klassiker ist der internationale Bestseller »Der Schatten des Windes« (Suhrkamp 2005), **Carlos Ruiz Zafóns** (geb. 1964) Erzählung vom Friedhof der vergessenen Bücher.

Musik

In der Szene der klassischen Musik ist Barcelona eine alteingeführte Nobeladresse. Im **Gran Teatre del Liceu** › S. 72 auf den Rambles, weltberühmt für seine Wagneraufführungen, treten seit 1847 alle großen Operninterpreten auf; gefeierte Lokalmatadoren waren Montserrat Caballé (geb. 1933) und Josep (span. José) Carreras (geb. 1946). Seit der Wiedereröffnung sechs Jahre nach dem verheerenden Großbrand von 1994 bietet das Liceu seinem Stammpublikum wieder viel Glamour, modernste Bühnentechnik und innovative Aufführungen.

Einen hervorragenden Ruf genießt das Orquestra Simfònica de Barcelona i Nacional de Catalunya (OBC) unter der Leitung von Lawrence Foster bzw. Jordi Casas. Es hat seinen Sitz seit 1999 im **L'Auditori** › S. 40 im Komplex des neuen Teatre Nacional.

Zu Volkshelden wurden in den 1970er-Jahren die Liedermacher der *Nova Cançó* (»Neues Lied«), des katalanischen Politchansons. Ihre Hauptvertreter Raimon (geb. 1940) und Lluís Llach (geb. 1948) würzen ihre Lieder mit Sozialkritik. Unvergessen bleibt Llachs Song vom Pfahl (*L'Estaca*), der »fallen wird, wenn nur alle daran ziehen«.

Lange bevor die Gipsy Kings die Charts stürmten, feierte der in El Raval geborene Peret mit seiner Variante des Flamenco-Pop Erfolge. Jazzfreunden wird der Pianist Tete Montoliú (1933–1997) und der legendäre Club La Cova del Drac › S. 44, der schon während der Franco-Zeit ein Treffpunkt linker Intellektueller und Bohemiens war, ein Begriff sein. Mit Barcelona eng verbunden ist auch der Franko-Spanier Manu Chao, der in seinem erfolgreichen Stilmix aus Rock, Rap, Reggae und Flamenco über Immigration, Globalisierung und Liebe singt.

Feste und Veranstaltungen

Die Wahrscheinlichkeit ist hoch, in Barcelona auf ein Festival, eine bedeutende Messe, ein Volksfest, eine Stadtteilparty oder eine interessante Ausstellung zu treffen – irgendetwas ist einfach immer los in Kataloniens Hauptstadt. Am besten gleicht man seine Reisedaten unter www.barcelonaturisme.com mit dem aktuellen Veranstaltungskalender (Suchbegriff: »agenda cultural«) ab – so verpasst man garantiert nichts!

Festkalender

5. Januar: Calvacada de Reis (Ankunft der Hl. Drei Könige) mit Prozession vom Kolumbus-Denkmal zur Kathedrale.

Februar/März: Carnaval mit Umzügen und Straßenfesten.

Karwoche: Semana Santa mit feierlichen Gottesdiensten und Schokoladenfiguren *(monas)* als Ostersonntagspräsent für die Kinder.

April/Mai: Festival de Música Antiga. Alte Musik im Barri Gòtic: Festival de Guitarra mit Flamenco-, Jazz- und Klassikinterpreten.

23./24. Juni: Verbena de Sant Joan (Johannisnacht/Sommersonnenwende) mit Straßenfesten und Feuerwerk auf dem Montjuïc.

Juni: Sónar. Dreitägiges Festival der elektronischen Musik (www.sonar.es).

Juli: Festival El Grec. Hochkarätiges Kulturfestival mit Open-Air-Theater und -Konzerten in der Altstadt und am Montjuïc.

Summercase. Zwei Tage Rock- und Pop-Open-Air vom Feinsten im Parc Fòrum (Programm unter www.summercase.com).

Juli–September: Mas i Mas. Jazz- und Latinfestival in verschiedenen Clubs der Stadt (www.masimas.com).

Mitte August: Festa Major de Gràcia. Größtes und buntestes der vielen Stadtteil-Sommerfeste, das etwa 10 Tage dauert.

11.–15. August: Festa de Sant Roc. Straßenfest im Barri Gòtic mit Sardana-Tanz und Livemusik.

11. September: La Diada. Kataloniens stolzer wie trauriger Nationalfeiertag (da Jahrestag von Barcelonas Eroberung im Jahr 1714 durch Felipe V); viele politische Kundgebungen, überall weht die Senyera, die katalanische Fahne (vier rote Streifen auf gelbem Grund).

24. September: Höhepunkt von La Mercè, Barcelonas Stadtfest zu Ehren der Schutzpatronin Santa Mercedes.

Oktober: Festival Internacional de Jazz mit Stars aus aller Welt.

1. November: Allerheiligen wird versüßt mit *castanyades* (gebackene Maronen) und *panellets* (Marzipangebäck).

Dezember: Fira de Santa Llúcia. Traditioneller Weihnachtsmarkt rund um die Kathedrale.

Menschenburgen und Laufende Feuer

Wer die Freude der Barcelonesen an der *festa* unter freiem Himmel erlebt
hat, glaubt nicht mehr ans Klischee vom kopflastigen, humorlosen Katalanen. Da das ganze Barri teilnimmt, kommt neben Musik, Schmausen und Ze-
chen nie der Aspekt des gemeinsamen nachbarschaftlichen Feierns zu kurz.

Castells – Bei diesem akrobatischen Spektakel bauen Männer eines Viertels,
angefeuert von ihren Anhängern, bis zu 10 m hohe Menschentürme. Die
kräftigsten formieren den unteren Ring, auf ihren Schultern schichtet sich
dann Stockwerk für Stockwerk eine Pyramide auf. Zuletzt hangelt sich ein
Junge, der *anxaneta* (Wetterhahn), auf die Spitze. Bleibt er aufrecht im
Gleichgewicht drei Sekunden lang stehen, ist die »Burg« gelungen.

Correfoc – Die *correfoc* (Laufende Feuer) gehen auf die Legende des
hl. Georg, dem Drachentöter, zurück. Horden bizarrer Teufel-, Tier- und
anderer Horrorgestalten machen – vor allem zu Sant Jordi am 23. April und
La Mercè am 24. September – nachts die Stadt unsicher.

Gegants – Jedes Barri hat seine *gegants,* bis zu 5 m hohe Nachbildungen
aus Pappmaschee von Berühmtheiten seiner Lokalhistorie. Ein kleines
Guckloch im Bauch dient den Jugendlichen, die schwitzend die »Riesen«
schleppen, zur Orientierung.

Sardana – Dieser gemessene Tanz ist *der* katalanische Volkstanz. Die Tänzer
stellen sich im Kreis auf, fassen sich an den Händen und bewegen sich in
kurzen *(passos curts)* und langen *(passos llargs)* Schritten vor-, rück- und
seitwärts; die Schrittfolge ist abgezählt. Die Sardana ist eine lebendige
Demonstration der katalanischen Identität. Mitmachen kann jeder, ob auf
Festen oder bei den u.a. samstags um 18.30 Uhr und sonntags um 12 Uhr
vor Barcelonas Kathedrale stattfindenden Sardana-Treffen.

Unterwegs in Barcelona

Entdecken Sie die einzelnen Reiseregionen –
jeweils mit den schönsten Touren, allem
Sehens- und Erlebenswertem, Hotel-, Restaurant-,
Nightlife- und Shoppingtipps

Rund um die Rambles

Nicht verpassen!

- Durch La Boqueria, den schönsten Markt der Stadt, bummeln
- Frühstücken wie die Barcelonesen: einen »café amb llet« und frische Croissants in der Bar del Pi an einer der schönsten Plaças der Altstadt
- Einen unvergesslichen Opernabend im Gran Teatre del Liceu erleben
- Eine Bootsrundfahrt mit einer Golondrina (»Hafenschwalbe«) unternehmen

Zur Orientierung

In Barcelona schlägt der Puls Kataloniens, sagt man. Bleibt man bei diesem Bild, dann heißt die Hauptschlagader der Stadt Les Rambles. Nirgendwo zeigt sich Barcelonas soziale Vielschichtigkeit so deutlich wie auf diesem berühmtesten Laufsteg Spaniens. Showtime ist rund um die Uhr, Höhepunkt der Abend. Dabei kommt man weniger der Action wegen, sondern eher um zu plaudern, zu schauen, zu flanieren und zu flirten – »ramblejar« nennen Einheimische diese so angenehm absichtslose Lieblingsbeschäftigung an der frischen Luft.

Ihr spezielles Flair verdanken die gut eineinhalb Kilometer langen Rambles nicht zuletzt dem Einfallsreichtum der vielen Selbstdarsteller, die alle paar Meter die Straße zur Bühne machen: Lebende Statuen wie goldlackierte Ritter, clowneske Taschenspieler und ganze Flamenco-Ensembles lassen zu jeder Tages- und Nachtzeit den Hut kreisen. Für zusätzliche Farbtupfer sorgen Blumenläden, Tierhändler und Kioske mit buntem Bücher-, Zeitschriften- und Souvenirangebot. Links und rechts der Platanenallee gibt es Traditionsgeschäfte und Cafés mit Flair, dazu wunderschöne Altstadt-Plaças, auf denen man ohne einen Moment der Langeweile ein paar Stunden vorüberziehen lassen kann.

Kulturelle Sehenswürdigkeiten kommen ebenfalls nicht zu kurz: Im Viertel El Raval finden sich z.B. die zeitgenössischen Kunstmuseen MACBA und CCCB, die mit ihrem avantgardistischen Ausstellungsprogramm immer einen Abstecher wert sind, und im Palau Güell eröffnet sich ein erster Blick auf das Universum des Antoni Gaudí.

Am Ende der Rambles stößt man schließlich auf Wasser: Kolumbus weist von seiner Säule hinaus aufs offene Meer, und das Museu Marítim belegt die Verbundenheit der Stadt mit der See. Der Hafen mit seiner Promenade steht für die Weltoffenheit Barcelonas.

Ein Bummel durch die Markthalle La Boqueria macht Appetit

Kolumbus weist den Weg

65

Rund um die Rambles

Rambles-Bummel

Dauer: 2–3 Stunden (ohne Museumsbesuche)
Praktische Hinweise: Die Tour startet an der Plaça de Catalunya (Ⓜ Catalunya), Endpunkt ist der Hafen (ⓂDrassanes). Der Rambles-Bummel ist zu jeder Tageszeit ein Erlebnis, am schönsten ist er unter der Woche am Vormittag, wenn der Markt La Boqueria am höchsten frequentiert ist. Auf der Straße selbst ist am frühen Abend am meisten los.

⚠ Aufgepasst! Die Rambles sind ein Biotop für Trickdiebe, Hütchenspieler und Schlepper. Vorsicht und ein gewisses Maß an Misstrauen sind hier unbedingt angebracht! Vorsicht sollte man auch in manch einem Straßencafé der Rambles walten lassen: Fragen Sie sicherheitshalber vor der Bestellung nach dem Preis, um unangenehme Überraschungen zu vermeiden!

Plaça de Catalunya

Der Spaziergang beginnt an der Plaça de Catalunya. Der riesige, 50 000 m² große Platz wurde nach dem Schleifen der Stadtmauern um die Mitte des 19. Jhs angelegt und entwickelte sich rasch zum Verkehrsknoten zwischen den engen Altstadtgassen und den großzügigen Boulevards der Neustadt: Hier treffen sich sieben Straßen, im unterirdischen Tunnel- und Gängelabyrinth außerdem zwei Eisenbahn- und drei Metrolinien – was die Plaça de Catalunya zum idealen Treff- und Ausgangspunkt für Expeditionen in jede Richtung macht.

Dass man sich in einer der wichtigsten Handels- und Wirtschaftsmetropolen Europas befindet, machen die neoklassizistischen Paläste von Großbanken mit Leuchtreklamen japanischer Konzerne auf dem Dach deutlich. An der Nordostflanke springt einem der postmodern aufgepeppte Koloss der Kaufhauskette »El Corte Inglés« ins Auge, in dessen Untergeschoss man die größte Touristeninformation der Stadt findet; den Blick von der Terrasse auf dem Dach des Kaufhauses kann man immerhin als sehenswert durchgehen lassen. Einzig angenehmer Fixpunkt fürs Auge auf dem vom Verkehr umtosten Platz ist der gusseiserne Springbrunnen **Font de Canaletes** in seiner Mitte.

An der Plaça de Catalunya beginnen ****Les Rambles**, der bekannteste und schönste Straßenzug ganz Kataloniens – vielleicht sogar ganz Spaniens. Die 1,5 km lange Fußgängerallee, an der beiderseits die Autos vorbeibrausen, war noch im 13. Jh. ein Flussbett (arab. *rambla)*, das die Altstadt begrenzte. Erst im 15. Jh. schüttete man den Fluss schließlich zu und integrierte das auf diese Weise neu gewonnene Gelände in die Stadtbebauung. Zu einer gepflasterten, baumbestandenen Promenade wurden die Rambles dann im 19. Jh.

Buntes Treiben auf den Rambles

1 **Les Rambles

Nicht von ungefähr sprechen die Katalanen im Plural von *Les Rambles* (span. Las Ramblas): Der Boulevard besteht aus fünf Abschnitten, und jeder hat sein eigenes Flair. An der Plaça de Catalunya beginnt die von weißen Stühlen gesäumte **Rambla de Canaletes,** benannt nach dem Trinkwasserbrunnen in ihrer Mitte. Sie wird bei Samstagsspielen von *culès* belagert, den Fans des FC Barcelona, und ist Treffpunkt katalanischer Nationalisten sowie Ausgangsort von Demonstrationen. Auf der anschließenden **Rambla dels Estudis** (Straße der Studenten) hielten Studenten der nahe gelegenen, 1536 gegründeten Universität ihre Versammlungen ab. Redeverbot erhielten sie, als 1714 Felipe V einzog und Barcelona für lange Zeit den Status einer Universitätsstadt entzog › S. 15. Das Zwitschern der Vögel, die hier über 150 Jahre lang traditionell an zahlreichen Buden angeboten wurden, haben diesem Abschnitt den Beinamen **Rambla dels Ocells** (Straße der Vögel) eingetragen. Seit 2007 wurde die Anzahl der Vogelhändler jedoch stark reglementiert. Auch andere Kleintiere harren hier der Käufer.

Rambla Sant Josep lautet die Adresse des gleichnamigen Markts, bekannter als La Boqueria › S. 70. Man nennt die Allee auch **Rambla de les Flors** (Straße der Blumen), da sie traditionell der Platz der Blumenverkäufer ist. Die folgenden Meter säumen Straßencafés bis zur Höhe der Plaça Reial; dort stand ein Kapuzinerkloster, daher der Name **Rambla dels Caputxins.** Nach einem mittelalterlichen Kloster heißt die vor dem Hafen endende **Rambla Santa Mònica.** Ausgerechnet hier fühlen sich die Prostituierten, Transvestiten und anderen Paradiesvögel aus dem nahen Barri Xinès zu Hause.

Teatre Poliorama ◼1

Schon nach einem kurzen Bummel sieht man rechts, an der Rambla de Canaletes, das noble Teatre Poliorama, erbaut im Jahr 1883 von Josep Domènech i Estapà, einem Zeitgenossen Gaudís. Auf der traditionsreichen Bühne werden inzwischen vor allem Musicals und Komödien katalanischer Ensembles wie Dagoll Dagom oder Tricicle aufgeführt ❯ S. 42 (www.teatrepoliorama.com).

Plaça dels Àngels

Vorbei an der Klosteranlage **Convent dels Àngels** ◼2 aus dem 16. Jh., in der heute das städtische Zeitungsarchiv untergebracht ist, gelangt man zur weiten, reichlich zubetonierten Plaça dels Àngels,

einem Dorado für Inline-Skater. Alles beherrschender Blickfang ist das mitten in das teils stark baufällige Viertel platzierte **Museu d'Art Contemporani de Barcelona** ◼3 (MACBA), ein Werk des US-Architekten Richard Meier. Es zeigt hinter der klotzigen Fassade aus weißem Zement und Glas Ausstellungen aktueller Kunst (www.macba.es, Mo, Mi–Fr 11 bis 19.30, Sa 10–20, So 10–15 Uhr, im Sommer Mo, Mi–Fr 10.30–20, Do bis 22, So 11–19 Uhr).

Eines von Barcelonas interessanten neueren Museumsprojekten ist fast unmittelbar daneben, am Carrer Montalegre, zu bewundern: das **Centre de Cultura Contemporània de Barcelona** ◼4 (CCCB, 1995) in der stilsicher

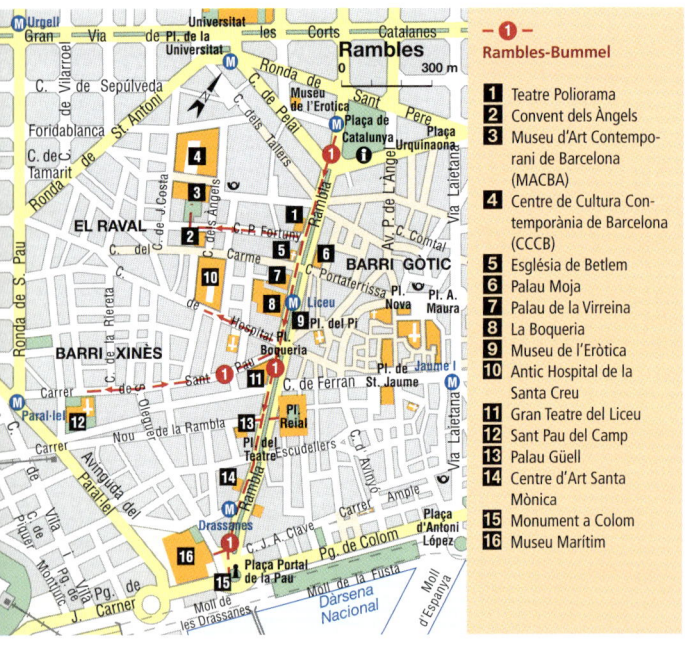

– ❶ –
Rambles-Bummel

◼1 Teatre Poliorama
◼2 Convent dels Àngels
◼3 Museu d'Art Contemporani de Barcelona (MACBA)
◼4 Centre de Cultura Contemporània de Barcelona (CCCB)
◼5 Església de Betlem
◼6 Palau Moja
◼7 Palau de la Virreina
◼8 La Boqueria
◼9 Museu de l'Eròtica
◼10 Antic Hospital de la Santa Creu
◼11 Gran Teatre del Liceu
◼12 Sant Pau del Camp
◼13 Palau Güell
◼14 Centre d'Art Santa Mònica
◼15 Monument a Colom
◼16 Museu Marítim

In der Casa de la Caritat ist heute das CCCB untergebracht

modernisierten **Casa de la Caritat,** früher ein Asyl für Arme und Obdachlose. Die Ausstellungen kreisen um die Themen Stadtleben und Stadtplanung (www.cccb.org, Di, Do, Fr 11–14, 16–20, Mi, Sa 11–20, So, Fei 11–19 Uhr).

Església de Betlem 5

Zurück auf den Rambles passiert man an der Ecke zum Carrer del Carme die 1687–1729 von Jesuiten erbaute Església de Betlem. Da die Kirche im Spanischen Bürgerkrieg 1936 vollständig ausbrannte, bietet ihr Inneres wenig Sehenswertes. Nur noch die Portale schmückt barocker Dekor.

Palau Moja 6

Auf der anderen Seite der Rambla dels Estudis steht der Palau Moja, ein sehr stattlicher Bürgerpalast

aus dem 18. Jh. mit faszinierenden Wandmalereien des katalanischen Malers Francesc Pla im Hauptsalon. Das Gebäude dient inzwischen für wechselnde Ausstellungen moderner Kunst.

Libreria de la Generalitat
Rambles 118
Ⓜ Catalunya
Der offizielle Buchladen der Regionalregierung bietet alles über Kunst, Kultur und den Alltag Kataloniens.

Palau de la Virreina 7

Auf der Rambla Sant Josep gelangt man zum Palau de la Virreina. Der Marquès de Castellbell, Vizekönig von Peru, ließ ihn 1772–1778 für seine Gattin errichten. Nach seinem Tod wohnte darin seine Witwe, die Vizeköni-

Im Viertel Raval liegen edle Museen und ärmliche Wohnblocks oft nur einen Steinwurf auseinander

gin *(virreina)*. Heute ist im Erdgeschoss das städtische Kulturbüro mit Vorverkaufsstelle und im Seitenflügel die **Casa Beethoven** mit einer Instrumentenausstellung untergebracht. Der Palast wird außerdem für Wechselausstellungen genutzt.

La Boqueria 8

Neben dem Palast öffnen sich die mächtigen Eingangsportale zu Barcelonas bekanntestem Markt, dem **Mercat de Sant Josep,** landläufig La Boqueria genannt. Unter der Konstruktion aus Gusseisen mit Buntglasornamenten (1835) locken Stände mit frischem Gemüse, Fisch und Obst. Der Markt ist nicht gerade preiswert, man zahlt hier meist mehr als z.B. auf dem Mercat de Sant Antoni › S. 35; billiger ist es vor 10 Uhr, wenn auch die Barceloneser einkaufen (www.boqueria. info, Mo–Sa 8–20.30 Uhr).

Im Halbdunkel der Boqueria blühen zahlreiche kleine Marktlokale wie die **Bar Pinotxo** und das **Garduña,** in denen sich Nachteulen gern den ersten *carajillo* (Espresso mit Anis oder Cognac) des Tages genehmigen.

■ **El Convent**
Jerusalem 3][Tel. 933 17 10 52
Ⓜ Liceu
Ganz in der Nähe der Boqueria werden exzellente Mittagsmenüs offeriert.
●—●●

Museu de l'Eròtica 9

Auf den ersten Blick eher zur zwielichtigen Vergangenheit des Viertels passt das Museu de l'Eròtica (Rambles 96), auf den zweiten Blick erweist sich das Haus als durchaus beachtliche Sammlung erotischer Kunst aus vielen Epochen – natürlich nur für Erwachsene (www.erotica-museum.com, Okt.–Mai Mo–So 11–21 Uhr, Juni bis Sept. 10–24 Uhr).

Antic Hospital de la Santa Creu ⑩

Folgt man danach dem rechts von der Rambla abzweigenden Carrer Hospital, stößt man, mitten im Viertel El Raval, auf die **Plaça Sant Agustí** mit der prägnanten dreischiffigen Kirche **Sant Agustí** (18 Jh.) und ein Stück weiter auf das über 125 Jahre alte **Teatre Romea**.

Das Theater liegt am kleinen Platz Canonge de Colom, den die massigen Mauern des Antic Hospital de la Santa Creu schier erdrücken. Im 11. Jh. als Pilgerhospiz errichtet, diente das Hospital zum Hl. Kreuz ab dem 15. Jh. als Krankenhaus. Dieses zog Anfang des 20. Jhs. in die neuen Gebäude des Hospital de Santa Creu i de Sant Pau › S. 126 im Norden der Stadt um. Heute sind in dem Bau die medizinische Fakultät und – in der barocken Casa de Convalescència – die **Katalanische Staatsbibliothek** untergebracht. In der Hospitalkapelle finden Kunstausstellungen statt.

An die Nordseite der Anlage grenzt die beschauliche **Plaça Dr. Fleming.** Um die Büste des Nobelpreisträgers Alexander Fleming (1881–1955), Mitentdecker des Penicillins, scharen sich zur Siestazeit die Bewohner von El Raval, einem der ärmsten Viertel der Stadt.

**Plaça del Pi

Zurück auf den Rambles und weiter Richtung Hafen gehend, fällt mitten auf dem Boulevard Joan Mirós riesiges, rundes **Pflaster-**mosaik und an der Nordseite der Rambla die **Casa Bruno Quadros** (19. Jh.) ins Auge. Das mit Regenschirmen und einem Drachen originell dekorierte Haus markiert den Schnittpunkt des Carrer Boqueria und des schmalen Carrer Cardenal Casañas.

Letzterer führt zu **einem der schönsten Altstadtplätze Barcelonas,** zur Plaça del Pi, die wegen ihrer guten Akustik und dem nie abreißenden Strom zahlungswilliger Touristen eine sehr beliebte Bühne für zahlreiche Straßenmusikanten ist. Häuser mit schmucken Fassaden umgeben den Platz, darunter die gut erhaltene **Farmàcia del Pi** und die **Estamperia** (1789), in der man **ausgefallene Postkarten** bekommt.

Das Bild des Platzes bestimmt jedoch die gotische Kirche **Santa Maria del Pi** (1322–1453). Die Fensterrosette über dem Haupteingang an der Westfront zählt zu den größten der katalanischen Gotik, und innen dämpfen schöne Glasmalereien das einfallende Licht. Sehenswert ist außerdem das Grabmal des Malers Antoni Viladomat (18. Jh.).

Restaurant

Bar del Pi
Plaça de Sant Josep Oriol 1
Tel. 933 02 21 23
www.bardelpi.com
Ⓜ Liceu
Bar auf zwei Ebenen und mit Terrasse auf der Plaça del Pi, wo man in der Sonne bzw. im Schatten von Platanen sitzen und das Treiben beobachten kann. Gute Tapas, immer voll. ●–●●

Santa Maria an der Plaça del Pi ist ein harmonisches Werk der Gotik

Shopping

Die Plaça del Pi ist in zweiwöchigem Rhythmus Fr–So Schauplatz eines interessanten Ökomarkts, auf dem handwerklich hergestellte Köstlichkeiten wie Honig, Süßwaren und Käse angeboten werden. Auf der direkt angrenzenden **Plaça de Sant Josep Oriol** halten Maler aus Barcelona und Umgebung außerdem Sa und So einen Kunstmarkt ab.

Gran Teatre del Liceu 🗓

Bei der Einmündung des Carrer de Sant Pau auf die Rambla dels Caputxins steht man vor dem Gran Teatre del Liceu. Das Opernhaus entstand 1845, brannte aber schon 1861 aus. Nach seinem Wiederaufbau stieg es rasch zu einem Haus mit Weltruf auf – und Anfang des 20. Jhs. war es sogar die berühmteste Wagner-Bühne nach Bayreuth. Bis in die 1970er-Jahre sperrte man bei Premieren die Rambla rundum, was regelrechte Volksaufläufe auslöste.

Eine Schrecksekunde durchlebte das erlauchte Publikum 1893, als der Anarchist Salvador French während der Aufführung von Rossinis »Wilhelm Tell« zwei Bomben in den »Tempel des Großbürgertums« warf. Sie richteten aber kaum Schaden an, und man lauschte im luxuriösen Ambiente weiterhin den Arien. 1994 vernichtete ein Feuer Bühne und Zuschauerraum. Nach der über 60 Mio. Euro teuren Renovierung begann im Jahr 2000 die erste Spielzeit nach der Zwangspause (www.liceubarcelona.com, Führungen tgl. 10–13 Uhr).

Restaurant

Café de l'Opera
Rambla 74
Tel. 933 17 75 85
www.cafeoperabcn.com
Ⓜ Liceu
Seit 1929 trifft man sich in dem kleinen Jugendstilcafé gegenüber der Oper, um bei einer guten Tasse Kaffee zu diskutieren.

Abstecher ins Barri Xinès

Von der Oper führt rechts der Carrer de Sant Pau mitten ins Barri Xinès, einst berüchtigtes Viertel der Armen, billigen Huren und kleinen Gangster. Den Nimbus eines Sündenpfuhls erlangte

Karte Seite 68

es in den 1920er-Jahren, als der Stadtteil noch zu El Raval, der Vorstadt des Spätmittelalters, gehörte und sich hier Barcelonas Bohème auslebte. Die Stadtverwaltung will den Sumpf restlos austrocknen: Fast der gesamte untere Teil des Viertels wird Zug um Zug abgerissen und rund um einen betonierten Platz neu aufgebaut. Nur wenige Straßen atmen noch den alten rauen Charme.

Nach etwa 15 Minuten erreicht man die romanische Kirche ***Sant Pau del Camp** 12. Zur Bauzeit ums Jahr 1000 lag sie außerhalb der Stadtmauern »auf dem Felde« – daher der Zusatz *del camp*. Lange vernachlässigt und um 1900 als Militärkaserne zweckentfremdet, wurden die Kirche und die umliegenden Gebäude des alten Benediktinerklosters schließlich sorgsam renoviert. Glanzlichter der bestechend schlichten Anlage sind das Portal (1120) und der romanische ***Kreuzgang,** den seine dreigliedrigen Arkadenbögen zu einer Rarität machen.

Unmittelbar westlich der Paulskirche durchschneidet die **Avinguda Paral.lel** das Häusermeer. Theater, Varietés und Tanzsäle haben den Boulevard in eine Vergnügungsmeile verwandelt.

Am Abend

Die verbliebenen Animierlokale im Barri Xinès finden inzwischen neuen Zulauf: Bars wie das nostalgische Marsella mit opulenten Kronleuchtern und blinden Spiegeln (**C. Sant Pau 65**) und Pastis (**C. Santa Mónica 4**), wo vorzugsweise französische Chansons gespielt werden, ziehen außer den ergrauten Stammgästen auch immer mehr junge Nachtschwärmer aus der Oberstadt an.

Die atemberaubende Empfangshalle des Palau Güell

*Palau Güell 13

Der Carrer Nou de la Rambla führt zurück zur Rambla, vorbei am Palau Güell (Nr. 3–5), dessen Eingang von einem mächtigen Vorbau überlagert wird. Gaudí stellte den Bau, einen seiner ersten im Auftrag seines Gönners Güell, 1888 fertig. Der Fabrikant wünschte einen Mehrzweckbau, ein Wohn-, Ausstellungs- und Veranstaltungshaus – und das auf einer Miniparzelle von 18 x 22 m. Gaudí löste die Aufgabe bravourös: Das Erdgeschoss gestaltete er als weiten, von Säulen getragenen Raum, der als Empfangshalle fungierte. Ein zentraler Saal mit integrierter Orgel nimmt die mittlere Etage ein. Um das Treppenhaus gruppieren sich darüber die Wohn- und Schlafräume (www.palauguell.cat, Di–Sa 10–14.30 Uhr; wegen Renovierungsarbeiten können 2009 nur Parterre und Souterrain besichtigt werden).

3 *Plaça Reial

Jenseits der Platanenallee führt der Carrer Colom geradewegs zur Plaça Reial. Das harmonische, im klassizistischen Stil entworfene Geviert entstand ab 1848 auf dem Gelände eines abgerissenen Kapuzinerklosters. Die vier- bis fünfstöckigen Gebäude mit den breiten Arkadengängen, die Dattelpalmen, der zentrale Springbrunnen **Font de les Tres Gràcies** und Gaudís Laternen

(1878/79) zeichnen eine **stimmungsvolle Kulisse.** In den Cafés und Restaurants unter den Arkaden herrscht Tag und Nacht großer Andrang.

Am Abend

Mehrere Klassiker des Barceloneser Nachtlebens gruppieren sich um den Platz: die Kneipe Glaciar, die Disko Karma › S. 44 und der Flamenco-Treff Tarantos (Ⓜ Liceu).

Shopping

Sonntagmorgens findet auf der Plaça Reial ein Markt statt, auf dem Münzen und Briefmarken gehandelt werden.

Centre d'Art Santa Mònica ⓬

Mit Beginn der Rambla Santa Mònica verbreitert sich die Flanierstraße. Diesen Raum nutzen Handleser und Kartenleger, die für ein paar Euro rosige Zukunfts-

An der palmenbestandenen Plaça Reial herrscht rund um die Uhr

aussichten versprechen, flinke Karikaturisten, Air-Brush-Künstler und zahlreiche Schmuckhändler mit Hippie-Mähne oder verwegen ultramodern gestylt. Von besonderem Interesse auf diesem Rambla-Abschnitt sind die wechselnden Foto- und Kunstaustellungen im Centre d'Art Santa Mònica, einem ehemaligen Augustinerkloster aus dem 17. Jh. (www.centredartsantamonica.net, Di–Sa 10–20, So, Fei 10–15 Uhr).

Am Südende der **Rambla Santa Mònica** findet Sa nachmittags und So ganztägig der Kunsthandwerksmarkt **Fira de Santa Mònica** statt.

Monument a Colom 🄯

In Sichtweite des Hafens münden die Rambles auf die Plaça del Portal de la Pau. In der Platzmitte ragt, pausenlos umrundet von

reger Betrieb

Autos, das über 50 m hohe Monument a Colom auf. Gaietà Buigas fertigte das Bronzedenkmal, das an den Barcelona-Besuch von Christoph Kolumbus erinnert: 1493, im Jahr nach seiner ersten Amerikareise, wurde er von König Fernando II im Saló del Tinell empfangen. Im Innern der Säule schwebt ein Lift für 4–5 Personen zu einer recht beengten Aussichtsplattform (tgl. 9.30–20 Uhr).

**Museu Marítim 🄰

Mehr zum Thema Seefahrt erläutert unter dem Motto »La Gran Aventura del Mar« (Das große Abenteuer Meer) das Museu Marítim, das in den weitläufigen, wellenförmig gedeckten Hallen der **Reials Drassanes** untergebracht wurde. Hier, in den ehemaligen Königlichen Schiffswerften aus dem 13. Jh., wurden die Boote gebaut, mit denen die katalanischen Seefahrer im 14. und 15. Jh. das gesamte Mittelmeer eroberten. Zu sehen sind Schiffsmodelle sowie Globen, Seekarten, Galionsfiguren, nautische Instrumente u.v.m. Ein wahres Prunkstück ist die Replik der Galera Real, des Flaggschiffs der christlichen Flotte, die in der Seeschlacht von Lepanto 1571 unter Juan d'Austria die Türken besiegte (www.museumaritimbarcelona. com, tgl. 10–20 Uhr).

Den Streifzug kann man stilecht auf dem Wasser beschließen, beispielsweise mit einer **Hafenrundfahrt in einer Golondrina,** wie die kleinen Ausflugsbarken im Hafen heißen.

Echt gut!

4 Im Barri Gòtic

Nicht verpassen!

- Einen Sonntagmorgen mit Sardana-Tanz vor der Kathedrale
- Die Reste des römischen Barcino im Palau Reial
- Einen Besuch im Mesón del Café, dem ältesten und kleinsten Café der Stadt
- Einen Abend im modernistischen Konzertsaal Palau de la Música Catalana

Zur Orientierung

Das Gotische Viertel ist das Herz der Stadt. Hier nahm Barcelonas Geschichte mit einer Siedlung der iberischen Laetaner (Iberer) ihren Anfang, und hier, auf dem 12 m hohen Hügel Mons Taber, hatte auch die Römerstadt Barcino ihr Zentrum: Ihre Hauptstraßen, der Cardus (Carrer del Bisbe/Ciutat) und Decumanus (Carrer Llibreteria/Call), durchziehen als Nordwest-Südost- bzw. als Nordost-Südwest-Achse noch heute das Viertel. Außerdem entstanden in Kataloniens mittelalterlicher Blütezeit in diesem Viertel die stolzen, vor allem gotischen Bauten, die dem *barri* seinen Namen eingetragen haben.

Die engen Gassen sind weitgehend autofrei, und auf den verträumten Plätzen zwischen mittelalterlichen Häusern hat man Raum und Zeit, sich gedanklich in längst vergangene Epochen zu versenken, denn die Besucherströme finden erfreulicherweise längst nicht in alle Winkel des Viertels. Wer den Barcelona-Bestseller »Der Schatten des Windes« kennt, wird sich etwa auf der Plaça Sant Felip Neri an die Angebetete des sentimentalen Helden Julián Carax erinnern, an Nuria Monfort, die hierher gern zum Lesen kommt. Noch mehr Romantik gefällig? Sogar eine eigene

»Seufzerbrücke« hat das Barri Gòtic zu bieten. Sie führt über den Carrer del Bispe und wird fast so häufig fotografiert wie jene in Venedig. An die Grafiken M.C. Eschers mit ihren verschachtelten Türmen und Treppen erinnern die gotischen Paläste an der Plaça del Rei. Die Plaça Sant Jaume sind mit Rathaus und der katalanischen Regierung quai Gehirn und Seele einer ganzen Region. Große Symbolkraft hat auch die grandiose Kathedrale Barcelonas, trifft man sich doch auf ihrem Vorplatz jeden Sonntag zur Sardana. Diese ist weit mehr als nur ein Tanz, vielmehr ist sie Ausdruck der Unabhängigkeit und eigenen kulturellen Identität der Katalanen.

Die »Seufzerbrücke« überquert den Carrer del Bisbe

Sardana auf dem Vorplatz der Kathedrale La Seu

Tour durchs Barri Gòtic

Durchs Gotische Viertel

> – ❷ – *Plaça de Sant Jaume ›
> Sants Just i Pastor › Augus-
> tustempel › **Plaça del Rei ›
> Palau del Lloctinent › *Museu
> Frederic Marès › **La Cate-
> dral › Plaça Nova › Plaça de
> Garriga i Bachs › *Plaça de
> Sant Felip Neri › ***Palau de
> la Música Catalana

Dauer: 2–3 Stunden (Gehzeit)
Praktische Hinweise: Ausgangspunkt für Erkundungen
im Barri Gòtic ist die Plaça
de Sant Jaume (Ⓜ Jaume I), die
Rückfahrt erfolgt ab Ⓜ Urquinaona. Am Vormittag sind alle
Museen und Kirchen geöffnet;
allerdings entfaltet das Viertel
erst am Abend und in der
Nacht seinen speziellen mittelalterlichen Reiz. Am besten
kommt man mehrmals!

*Plaça de Sant Jaume

Ausgangspunkt der Tour ist die
Plaça de Sant Jaume. In der Römerzeit lag hier, am Schnittpunkt
von Barcinos beiden Hauptstraßen, das Forum, heute ist der weite Platz Barcelonas politischer
Nabel. Frontal stehen sich, von
freundlichen Uniformierten bewacht, die Machtzentren von
Stadt und Region gegenüber: die
Casa de la Ciutat, das *Ajuntament*

oder Rathaus an der Ostseite, und
der Palau de la Generalitat de Catalunya, der Sitz der Autonomen
Regierung von Katalonien, an der
Westflanke.

Architektonische Perlen des
**Palau de la Generalitat de Ca-
talunya** ❶ sind die *Innenhöfe,
einer gotisch (15. Jh.), der andere
im Stil der Renaissance (16. Jh.)
gestaltet. Die Hauptfassade ist aus
dem frühen 17. Jh. Im ersten
Stock liegt die Palastkapelle, die
Kataloniens Schutzpatron geweiht
ist (Führungen jeden 2. und 4. So
im Monat 10.30–13.30, Mo 9.30
bis 13, 16–19 Uhr).

Kaum weniger beeindruckend
ist die gegenüberliegende **Casa de
la Ciutat** ❷. Die klassizistische,
mit großen Balkonen versehene
Hauptfassade entstand im 19. Jh.;
die ältesten, auf das 14. Jh. datie-
renden Teile des Baus sind seitlich, am Carrer de la Ciutat, zu
besichtigen. Versammlungen unter dem Vorsitz des Bürgermeis-
ters finden im *Saló de Cent
(15. Jh.) statt. Eine Kuppel überspannt den herrlichen »Saal der
Hundert« mit in den Landesfar-
ben Gelb und Rot gehaltenen
Wänden (So 10–13.30 Uhr).

Sants Just i Pastor ❸

Östlich des Rathauses führt der
Carrer d'Hèrcules zur oft überse-
henen Kirche Sants Just i Pastor.
Sie gilt als ältestes Gotteshaus der
Stadt, verdankt ihr heutiges Aus-

sehen jedoch dem 18. Jh. Nur wenige Schritte vom Königspalast an der Plaça del Rei entfernt, diente sie bis ins 15. Jh. als Hauskirche der königlichen Familie. Das Innere – Preziosen sind die Weihwasserbecken und das »Retablo de San Felix« (1525) – wirkt intim, weshalb Brautpaare hier gern vor den Traualtar treten.

Restaurants

■ **Café de l'Acadèmia**
Lledó 1
Tel. 933 19 82 53
Ⓜ Jaume I
Lokal in historischem Stadthaus an der Plaça Sant Just. Günstige Tageskarte, sehr gute Desserts. ●●

■ **Mesón del Café**
Carrer Llibreteria 16
Tel. 933 15 07 54
Ⓜ Jaume I
Barcelonas kleinstes Café mit nur wenigen Stehplätzen; exzellenter Kaffee aus einer uralten Maschine.

Shopping

Cereria Subirà
Carrer Llibreteria 7
Kerzengeschäft, das aber nicht nur alle erdenklichen Arten von Kerzen, sondern auch andere skurrile Wachsprodukte verkauft.

Augustustempel ❹

Auf dem Carrer Paradis stößt man auf einen ins Pflaster eingelassener Mühlstein, der den höchsten Punkt des Mons Taber und des römischen Forums markiert. Am zweiten Knick der Gasse liegt versteckt im Gebäude des **Centre Excursionista de Cata-**

Die Flaggen Barcelonas und der Region Catalunya wehen an der Plaça de Sant Jaume

lunya (Wanderverein) **eines der ältesten und schönsten römischen Relikte** der Stadt: die vier stämmigen, kannelierten Säulen des um das Jahr 100 n. Chr. erbauten Augustustempels, eingezwängt in einen kleinen Innenhof (Di–Sa 10–18 Uhr).

Echt gut!

**Plaça del Rei

Wendet man sich am Ende des Carrer Paradis rechts in Richtung Baixada de Santa Clara, trifft man auf den alten Mittelpunkt des Barri Gòtic: die von mittelalterlichen Bauten umrahmte Plaça del Rei, die sich wegen ihrer hervorragenden Akustik an lauen Sommerabenden in eine Theater- und Konzertbühne verwandelt. Überragt wird der Platz des Königs vom einstigen Wachturm *Torre del Rei Martí, der einen der schönsten Blicke auf das Barri Gòtic preisgibt.

Am Nordeck steigen breite Treppen zum **Palau Reial Major 🔢** auf, ehemals Residenz der Grafen von Barcelona und später der Könige von Aragón. Im Innern beeindruckt vor allem das großartige Gewölbe des riesigen, 36 m langen *Saló del Tinell (1356–1370); der Thron- und Festsaal war Schauplatz prachtvoller Empfänge, und auch die Inquisition hielt hier selbstherrlich-erbarmungslos Gericht.

Durch den Eckraum betritt man die Kapelle **Santa Àgata**

Das alte Judenviertel

Neben und hinter dem Gebäude der Generalitat erstreckte sich im Mittelalter das Call genannte Judenviertel. Es reichte etwa vom Carrer del Call bis zu den Straßen Banys Nous im Süden und Palla im Westen. Heute erinnert in den engen Gassen kaum noch etwas an diese Zeit, doch immerhin gestand Juan Carlos I 1992 in einem Staatsakt ein, dass die Vertreibung der Juden 1492 eine Katastrophe war. Von der Inquisition verfolgt und vor die Wahl zwischen Konvertierung, Exil oder Tod gestellt, verließen damals die meisten der etwa 200 000 Sephardim ihre Heimat. Für Spanien war der Exodus eines Großteils der intellektuellen und ökonomischen Elite ein ungeheurer Verlust.

Barcelonas Juden, die sich der Legende nach bereits im 2. Jh. v. Chr. in der Stadt niederließen, galten als besonders gelehrt und produktiv. Ihre Ächtung durch Christen begann aber bereits unter den Westgoten, die ihnen 636 das Recht zur Religionsausübung absprachen und sie 694 zu Sklaven degradierten. Ein goldenes Zeitalter erlebten die jüdischen Gemeinden dagegen während der islamischen Hochkultur von Al-Andalus: Die Sephardim übersetzten wissenschaftliche Werke aus dem Arabischen und beflügelten Handel und Austausch zwischen Nordafrika und Spanien. In Barcelona galten sie als unübertroffene Juweliere, Schneider, Schriftgelehrte und Ärzte, Außenseiter blieben sie dennoch. 1243 ließ Jaume I den Call ummauern und befahl den Bewohnern das Tragen einheitlicher Kleidung und eines rot-gelben Knopfes; nachts wurden beide Enden der Hauptstraße des Gettos verbarrikadiert. Ihre Religion, ihre Finanzkraft und ihre medizinischen Kenntnisse – die im Mittelalter als okkultes Wissen galten – machten die Juden in Zeiten von Seuchen, Krisen und Kriegen zu prädestinierten Sündenböcken. Von dem Pogrom, dem im August 1391 Hunderte von Juden zum Opfer fielen, sollte sich der Call nie mehr erholen.

Unbedingt sehenswert im alten Judenviertel ist die **Sinagoga Shlomo Ben Adret**, das mittelalterliche Gebetshaus des Call (Marlet 5, www.calldebarcelona.org, Di–Sa 11–14, 16–19, So 11–14 Uhr).

(14. Jh.), deren Schmuckstück das Altarbild »Retrat del Conestable« des bedeutenden katalanischen Malers Jaume Huguet ist.

Unter dem Palast erstreckt sich bis zur Kathedrale ein **begehbares Ausgrabungsfeld.** Hier stößt man auf vielfältige Funde: Reste der ersten Stadtmauer, Hausfundamente, Statuen, Mosaiken, verschiedene Gebrauchsgegenstände aus römischer und westgotischer Zeit, Silos und Badestätten sowie Teile des römischen Forums, einer frühchristlichen Basilika aus dem 4. Jh. und der alten romanischen Kathedrale aus dem 11. Jh.

Eine Treppe verbindet die Kapelle Santa Àgata mit dem **Palau Clariana Padellàs** (15. Jh.). Dieser stand ursprünglich im Carrer de Mercaders – und dort einer neuen Straße im Weg. Daher wurde er 1931 Stück für Stück abgetragen und an die Plaça del Rei

versetzt. Im Palau erläutert das *Museu d'Història de la Ciutat 6 auf drei Stockwerken die Geschichte der Stadt (Haupteingang am Carrer Veguer; www.museuhistoria.bcn.es, Di–Sa 10–14, 16 bis 20, So, Fei 10–14 Uhr; kombinierte Eintrittskarten für Palast, Kapelle, Torre del Rei und Ausgrabungen).

Shopping

Continuarà
Via Laietana 29
Eine wahre Fundgrube für alle Comic-Begeisterten.

Palau del Lloctinent 7

Der ehemalige Palast des Stellvertreters, ein Prachtbau aus dem 16. Jh., kombiniert stilistisch Spätgotik und Renaissance. Das bis vor Kurzem hier untergebrachte Archiv der Krone von Aragón – es hütete seit dem 9. Jh.

– 2 –
Durchs Gotische Viertel

1 Palau de la Generalitat de Catalunya
2 Casa de la Ciutat
3 Sants Just i Pastor
4 Augustustempel
5 Palau Reial Major
6 Museu d'Història de la Ciutat
7 Palau del Lloctinent
8 Museu Frederic Marès
9 Casa de la Pia Almoina
10 Casa de l'Ardiaca
11 La Catedral
12 Palau Episcopal
13 Museu del Calçat Antic
14 Casa dels Canonges
15 Palau de la Música Catalana

Barri Gòtic

0   100 m

gesammelte Dokumente der königlichen Kanzlei – hat inzwischen neue Räumlichkeiten am Carrer Marina bezogen.

*Museu Frederic Marès 8

Wenige Meter weiter ist im engen Carrer dels Comtes im vormaligen Palast der Inquisition das Museu Frederic Marès eingerichtet. Eine Stiftung des Bildhauers und Sammlers Frederic Marès i Deulovol (1893–1991) aus dem Jahr 1940 bildet den Grundstock der Sammlung: Auf drei Etagen findet man eine herausragende, vom ausgehenden Mittelalter bis ins 19. Jh. reichende umfassende Kollektion sakraler Skulpturen, dazu Kruzifixe, Altäre und Heiligenbilder.

Echt gut! Eine kurios-charmante Sonderabteilung ist das **Museu Sentimental** im obersten Stock: Es hat sich auf Hosenträger, Spazierstöcke, Schlüssel, Schirme, Brillen und etliche andere Alltagsgegenstände aus den vergangenen zwei Jahrhunderten kapriziert (www.museumares.bcn.es, Di–Sa 10 bis 19, So 10–15 Uhr; im Sommer schönes Café im Innenhof).

Pla de la Seu

Nach wenigen Metern öffnet sich die enge Gasse auf den großzügigen Vorplatz der Kathedrale. An der rechten Ecke erhebt sich die **Casa de la Pia Almoina 9**, im Jahr 935 als Wohnsitz für die Stiftsherren errichtet. Der Name »Haus des frommen Almosens« bürgerte sich ein, nachdem ab

An der Stelle der Kathedrale stand

1009 eine wohltätige Stiftung hier Bedürftige speiste. Heute finden in den Räumen Kulturveranstaltungen statt. Religiöse Kunst ist der Schwerpunkt des **Diözesanmuseums**.

An der Südwestseite wird der Pla de la Seu von der **Casa de l'Ardiaca 10** begrenzt. Der Bau, ein Brückenschlag zwischen Spätgotik und Renaissance, entstand auf römischen Fundamenten als Residenz der Erzdiakone, später zog die Anwaltskammer, 1919 schließlich das Stadtarchiv ein. Im malerischen Innenhof stehen eine

zuvor bereits eine westgotische Basilika

100-jährige Dattelpalme und ein gotischer Springbrunnen, auf dem man an Fronleichnam ein Hühnerei tanzen lässt.

Auf dem **Pla de la Seu** ruft samstags gegen 18.30 Uhr und sonntags um 12 Uhr **Musik zur Sardana** auf, dem Kreistanz der Katalanen > S. 61.

La Catedral 🔟

Allein durch ihre Größe sticht die Kathedrale La Seu sämtliche anderen Bauwerke auf dem Mons Taber aus. Sie ist Barcelonas Schutzpatronin, der hl. Eulàlia,

gewidmet; die Märtyrerin wird am 12. Februar gefeiert. Die früheste Vorgängerin des Baus war eine westgotische, im 8. Jh. von den Arabern zerstörte Basilika, auf deren Grundmauern eine romanische Kirche erstand – Teile davon sind am Sant-Iu-Portal im Nordosten erhalten. Die Grundelemente der heutigen Kathedrale, darunter die beiden hinteren Glockentürme, gehen auf den gotischen, 1298–1448 fertiggestellten Neubau zurück. Die Hauptfassade dagegen wurde erst 1892 hochgezogen, die Kuppel noch

Im Kreuzgang der Kathedrale

später, im Jahr 1913, geschlossen. Die neugotischen Ergänzungen wirken zwar aufgesetzt, schmälern jedoch die imposante Erscheinung der Westfassade nicht (www.catedralbcn.org, tgl. 8 bis 13.30, 16–19.30 Uhr).

Innenraum

Durch das mit biblischen Figuren ornamentierte Hauptportal betritt man den 83 m langen, 37 m breiten und 25 m hohen Innenraum. Ein Kreuzrippengewölbe überspannt die weite, in drei Schiffe gegliederte Halle, die durch die farbigen, hoch angebrachten Glasfenster – einige entstammen dem 15. Jh. – nur spärlich erhellt wird.

Von den insgesamt 29 Kapellen verdient die größte, die **Capella del Santíssim** (Sakramentskapelle) an der rechten Seite, genauere Betrachtung: Sie birgt das Grabmal des 1136 verstorbenen hl. Olegarius sowie das von Kerzenruß geschwärzte Kruzifix, das

Joan d'Austria, der österreichische Befehlshaber der christlichen Truppen, 1571 in der Seeschlacht von Lepanto mit sich geführt haben soll.

Der **Chorraum** ist, charakteristisch für die spanische Gotik, in die Mitte des Langhauses platziert und seitlich wie rückwärts abgeschlossen; an den Außenseiten illustrieren Reliefs (16. Jh.) der Bildhauer Ordóñez und Villar den Leidensweg der hl. Eulàlia. Eine unterhaltsame Lektüre ist der figürliche und florale Schnitzdekor des herrlichen gotischen Chorgestühls (15./16. Jh.). Westgotische Kapitelle tragen die Platte des Hauptaltars. In der **Krypta** ruhen in einem italienischen Marmorsarkophag (1327) die Gebeine der 304 als Märtyrerin verstorbenen hl. Eulàlia, in den Kapellen des Chorumgangs sind kunstvolle Flügelaltäre und Sarkophage zu entdecken.

Die **Sakristei** an der Südseite hütet den reichen Kirchenschatz (nur auf Anfrage zu besichtigen), darunter den silbernen Thron des Königs Martí, eine Pietà aus dem 15. Jh. und das Messbuch der hl. Eulàlia.

*Kreuzgang

Die **Porta de San Sever** leitet in den beeindruckenden Kreuzgang. Mit den Kapellen ringsum haben Kirchenmäzene und wohlhabende Bürger ihr Scherflein gestiftet, im Zentrum schafft ein von Palmen und Magnolienbäumen bestandener Garten subtropisches Ambiente. Auf den Strahl des

Springbrunnens im Nordosteck setzt man wie in der Casa de l'Ardiaca › S. 82 zu Fronleichnam ein Ei – *l'ou com balla,* »tanzendes Ei«, heißt dieser Brauch, dessen Ursprung sich im Dunkel der Geschichte verliert. Die putzmunteren Gänse im Garten sind heute nur noch ein liebenswerter Anachronismus, erfüllten einst aber eine wichtige Pflicht: Sie warnten mit ihrem Geschnatter vor Eindringlingen und Dieben. An der Westseite des Kreuzgangs bewahrt das **Museu de la Catedral** Kostbarkeiten wie beispielsweise ein Altarbild von Jaume Huguet aus dem 15. Jh. und eine spätgotische Pietà (1490) des Malers Bartolomé Bermejo.

Der Kreuzgang besitzt drei Ausgänge: Die gotisch geprägte, im Tympanon mit einem Holzrelief flämischer Schule dekorierte **Porta de la Pietat** lenkt zur Baixada Santa Clara; die mit einer Figur ihrer Namensgeberin geschmückte **Porta de Santa Eulàlia** zum Carrer del Bisbe. Die dritte Möglichkeit, den Kreuzgang zu verlassen, führt durch die romanische **Capela de Santa Llúcia** (1268), in der sich viele Gläubige zum Gebet einfinden.

Wer einen ==Postkartenblick auf das Barri Gòtic== genießen will, sollte die unmittelbar neben der Kirche gelegenene **Plaça de Ramon Berenguer el Gran** aufsuchen: Von dort sieht man die Reste der römischen Stadtmauer, darüber die Kapelle Santa Àgata, den Martí-Turm und die Silhouette der Kathedrale.

An der Plaça Nova

An der modernen Plaça Nova auf der anderen, nordwestlichen Seite der Kathedrale verdient das Haus der Architektenkammer einen näheren Blick. Seine Fassade wurde 1962 von Pablo Picasso mit einem Wandfries aufgelockert. Zwei römische Türme, Relikte der Stadtmauer aus dem 4. Jh., flankieren das Portal Bisbe. Durch dieses stößt man gleich rechts auf den **Palau Episcopal 12**. Seine jetzige Gestalt erhielt der Bischofspalast im 12. Jh., die zur Plaça Nova gewandte Fassade anno 1784. Man kann ihn nicht besichtigen, sondern muss sich mit einem Blick durch das Tor in den Innenhof begnügen.

Barcelonas schönste Kirchen

■ Herrliche Glasmalereien kann man in Santa Maria del Pi › S. 71, Plaça del Pi, Ⓜ Liceu bewundern.

■ Santa Maria del Mar › S. 96, Plaça de Santa Maria, Ⓜ Jaume I beeindruckt durch ihre grandiose Schlichtheit.

■ Romantik pur präsentiert sich Besuchern im einstigen Benediktinerkloster Sant Pau del Camp › S. 73, Carrer de Sant Pau, Ⓜ Paral.lel.

■ Die Catedral La Seu › S. 83, Pla de la Seu, Ⓜ Jaume I, besticht nicht nur durch ihre Größe, sondern insbesondere auch durch Eleganz.

■ Unvergleichlich ist die Sagrada Família › S. 124, Ⓜ Sagrada Família, Antoni Gaudís unvollendetes Meisterwerk.

Plaça de Garriga i Bachs

Nach wenigen Metern weitet sich der Carrer del Bisbe zur Plaça de Garriga i Bachs. Den kleinen Platz dominiert ein von Josep Llimona und Vicenç Navarro 1910 gestaltetes Denkmal, das an die napoleonischen Kriege erinnert. Hier treten viele Straßenmusiker auf, denn die Akustik ist gut und die Touristen sind spendierfreudig.

*Plaça de Sant Felip Neri

Rechts führt der schmale Carrer Montjuïc del Bisbe zur idyllischen Plaça de Sant Felip Neri, wo sich Gebäude aus dem 17. Jh. – so die Kirche Sant Felip Neri – um den Brunnen gruppieren. An ihrer Ostseite residiert im alten Gilde-

haus der Schuhmacher das kleine **Museu del Calçat Antic 13**, wo man Römersandalen ebenso wie die größten Schuhe der Welt sehen kann (Di–So 11–14 Uhr).

Carrer del Bisbe

Zwischen der mit einem Relief des hl. Georg (1418) von Pere Johan geschmückten Seitenfassade des Palau de la Generalitat und der **Casa dels Canonges 14** unterquert die schmale Gasse einen überdachten Übergang, Pont dels Sospirs, »Seufzerbrücke« genannt. Auch wenn die Passage oft als Wahrzeichen des Barri herhalten muss: Gebaut wurde sie erst 1928.

 ### ***Palau de la Música Catalana 15

Als Kontrast zur geballten Ladung Mittelalter ist ein Zeitsprung in die Epoche des Modernisme willkommen: Zum Abschluss der Tour geht es zum Palau de la Música Catalana. Er liegt nur einen kurzen Spaziergang entfernt am Carrer Sant Francesc de Paula. Das 1905–1908 von Domènech i Montaner errichtete Konzerthaus beeindruckt schon von außen: Am Südosteck prangt die Plastik »La Cançó Popular Catalana« von Miquel Blay. Im Innern hat sich die modernistische Formensprache in bewegten Skulpturen ausgelebt. Heute ist der Palau Stammhaus des Stadtorchesters (www.palaumusica.org, mehrfach tgl. Führungen, 10 €).

Der modernistische Palau de la Música Catalana

Die Rambla del Mar führt zum beliebten Moll d'Espanya

Hafen und La Ribera

Nicht verpassen!

- Eine Seilbahnfahrt mit dem Transbordador Aéri quer über den Hafen
- Die meisterhaften Frühwerke des Künstlers im Museu Picasso
- Fisch und Meeresfrüchte im Fischerviertel La Barceloneta
- Cava, Tapas und Bocadillos im urigen Can Paixano

Zur Orientierung

Die Seeseite ist die Seite Barcelonas, die sich in den letzten Jahrzehnten am stärksten verändert hat. Wie schick und urban die Stadt am Meer heute ist, zeigt sich besonders am Moll de la Fusta mit den modernen Freizeitwelten Maremàgnum, in Vila Olímpica sowie in dem komplett neuen Stadtviertel am Südende der Avinguda Diagonal, Fòrum genannt. Zeitgenössische Architektur aus der obersten Liga, aber auch viel Kommerz, kalter Beton und nicht immer ganz gelungener Städtebau sind hier zu besichtigen.

In diesen Vierteln hat sich bei Weitem nicht überall ein authentisches Alltagsleben entwickelt, deshalb ist es gut, dass zwischen den urbanistischen Experimentierfeldern immer wieder gewachsene und lebendige Stadtteilkultur blüht. Das Viertel La Ribera etwa galt im Mittelalter als der »Bauch« Barcelonas – in den Märkten und Geschäften am Passeig del Born wurde verkauft, was im Hafen an Land gebracht wurde; Händler und Handwerker waren hier zu Hause. Heute sind in die Kontore und Werkstätten schicke Bars, Restaurants sowie Boutiquen eingezogen, und ehemals finstere und verfallende Gassen wurden so zu begehrten Wohnquartieren mit liebevoll herausgeputzten Fassaden. Manche Straßenzüge der Ribera waren freilich bereits im Mittelalter beste Adressen: Reiche Kaufleute bauten sich hier wunderschöne Bürgerpaläste, die nun berühmten Museen wie dem Museu Picasso oder der Sammlung Barbier-Mueller einen angemessenen Rahmen bieten.

Einen ganz besonderen Charakter hat auch das alte Fischerviertel Barceloneta mit seinen wie mit dem Lineal gezogenen Straßen und den gemütlichen Fischlokalen an der Strandseite. Und nicht zu vergessen sind natürlich die ausgedehnten Platjas! Von der Platja de Sant Sebastià bis Nova Mar Bella erstrecken sich kilometerlange Sandstrände, die jede Menge Platz für Jogger, Radfahrer, Inlineskater und natürlich Sonnenanbeter bieten.

Aufsehenerregende Architektur im Fòrum

Die Stadt und das Meer

Barcelona, eine wasserscheue Stadt

Kaum zu glauben, aber historisch korrekt: Seit Sevilla 1503 das Monopol des Überseehandels erhielt, gewöhnte sich Barcelona daran, in Richtung Hinterland statt hinaus aufs offene Meer zu blicken. So verbaute sich die Stadt konsequent den Zugang zum eigenen Strand: mit einer vierspurigen Schnellstraße, der Bahnlinie nach Frankreich und einem unansehnlichen Industriegürtel. Erst zu den Olympischen Spielen 1992 verordnete Barcelona der vernachlässigten Zone an der Küste ein gründliches Facelifting. Das Ergebnis kann sich wahrlich sehen lassen – und die Stadt kann endlich wieder baden gehen.

Moll de la Fusta

Die Hafenmole am Südende der Rambles, früher Umschlagplatz für Bau- und Brennholz (katalan. *fusta*) wurde in den 1980er-Jahren als erster Hafenabschnitt modernisiert und ist heute eine der beliebtesten Flaniermeilen am Wasser. Die schwenkbare Holzbrücke Rambla del Mar führt auf die Moll d'Espanya mit dem ultramodernen Einkaufsparadies Maremàgnum und dem Aquarium, dem größten Unterwasserzoo in ganz Europa. Natürlich findet man hier auch gute Restaurants:

■ **Reial Club Marítimo**
Moll d'Espanya s/n, Tel. 932 21 62 56
Vorzügliche mediterrane Fischküche mit Panoramaterrasse. ●●

■ **L'Elx**
Planta Baja, Local 9 (Maremàgnum) Tel. 932 25 81 17
Valencianische Paella und Fisch aus Galicien. ●●

Port Vell

Das östliche Hafenbecken, wo bis vor wenigen Jahren noch morsche Lastkähne und halb verfallene

Kontore vor sich hin dämmerten, wurde ebenfalls von Grund auf saniert. Sehenswert ist das Museu d'Història de Catalunya ❭ S. 92, ein ehemaliger Lagerschuppen im postmodernen Designer-Outfit. Nach dem interaktiven Spaziergang durch die Jahrhunderte lohnt sich der Blick von der Dachterrasse mit Café oder ein Besuch im **El Magatzem del Port** im Erdgeschoss, wo man preiswerte und stets frische Fischgerichte mit Blick auf den Hafen genießen kann (Tel. 932 21 06 31, ●).

Durch Port Vell kann man sich mit den traditionellen *golondrinas* (Schwalben) schippern lassen. Abfahrt im Stundentakt ab Moll d'Espanya (www.lasgolondrinas.com).

Platja de Barceloneta

An der Uferseite des alten Fischerviertels Barceloneta liegt der neue Stadtstrand Barcelonas: po-
pulär, zumindest auf den ersten Blick überraschend sauber und ideal zum Relaxen nach den kulturellen und kommerziellen Höhepunkten der Innenstadt. Für den Hunger zwischendurch empfiehlt sich unter anderem das **Cal Pinxo**, das mediterrane Fischküche direkt am Meer bietet (Baluard 124, Tel. 932 21 50 28, ●●).

Port Olímpic

Den allerbesten Überblick über den Port Olympic bieten die Wolkenkratzer-Suiten im 44-stöckigen **Hotel Arts** (Marina 19–21, Tel. 932 21 10 00, www.hotelarts barcelona.com, ●●).

Der olympische Sport- und Jachthafen hat sich inzwischen zu einem sommerlichen Brennpunkt des Nachtlebens gemausert: Entlang des Passeig Marítim liegen unzählige Restaurants, Cocktail-Bars und modische Salsa-Pubs Tür an Tür.

■ **Baja Beach Club**
Passeig Marítim 34
Tel. 932 25 91 00
www.bajabeach.es
Dancefloor, mehrere Bars, Showprogramm und aktueller Pop – hippe Mischung aus Zirkus und Disko.

■ **Scandal**
Moll de Mestral 4
Retro-Sound aus den 1970er- und 1980er-Jahren.

■ **Mojito Bar**
Moll d'Espanya (Maremàgnum)
Tel. 932 25 80 14
Salsa live inklusive Mini-Tanzkursen gratis; hier herrscht immer guter Stimmung.

Blick auf Barcelonas Meerseite

Tour durch Hafen und La Ribera

Im maritimen Barcelona

– ❸ – Moll de la Fusta › Moll d'Espanya › Palau del Mar › *La Llotja › *Parc de la Ciutadella › Arc de Triomf › Museu de la Xocolata › Mercat del Born › *Santa Maria del Mar › *Carrer Montcada › **Museu Picasso › *La Barceloneta › Vila Olímpica › Fòrum

Dauer: 1 Tag

Praktische Hinweise: Ausgangspunkt ist der Moll de la Fusta am Inneren Hafen (Port Vell, Ⓜ Drassanes), Endpunkt ist Ⓜ Fòrum im gleichnamigen Viertel. Der innere Hafen, La Ribera und Barceloneta mit Strand lassen sich gut zu Fuß erkunden; am besten plant man die Tour so, dass man das Mittagessen in Barceloneta einnehmen kann. Vila Olímpica und Fòrum sind sehr weitläufig; ideal ist die Rundfahrt auf der grünen Linie des Bus Turístic (Mitte März–Anf. Okt.). Das Museu Picasso wird stark frequentiert; man sollte es deshalb am frühen Vormittag und Abend besuchen.

Moll de la Fusta

Es bietet sich an, sich zunächst mit einem grandiosen Blick aufs Meer auf die Tour einzustimmen, den man von der Aussichtsplattform des Monument a Colom › S. 75 genießen kann. Das Kolumbus-Denkmal erhebt sich neben dem neoklassizistischen Gebäude der Hafendirektion.

Anschließend begibt man sich auf den Moll de la Fusta (wörtlich Brennholz-Pier), der das nördliche Hafenbecken säumt. Angelegt wurde die Promenade im Rahmen eines olympischen Projekts, das die vom Flughafen um den Montjuïc ins Zentrum führende Ringstraße, die Ronda Litoral, in den Untergrund verwies. So kann man nun am Ufer unter Palmen flanieren, von einem der vielen Lokale aus den Blick aufs Meer genießen und die <mark>modernen Wahrzeichen des Hafens bestaunen</mark> – darunter Xavier Mariscals Riesengarnele aus Fiberglas über dem Restaurant **Gambrinus** und Roy Lichtensteins hoch aufragenden **Barcelona Head** am Norden de des Passeig Colom.

Moll d'Espanya

Eine Holzbrücke, die von den Designern Albert Viaplana und Helio Piñón gestaltete Rambla de Mar, leitet zum Pier Moll d'Espanya mitten im Hafenbecken. Dorthin pilgern bis spätabends die Barceloneser, magnetisch angezogen vom **Maremàgnum** ❶. Die Glitzerwelt dieses Konsum- und Amüsiertempels bietet neben Geschäften, Bars, Spielsalons und

Restaurants ein Kinozentrum mit
IMAX-Leinwand. Außerdem gibt
es hier unzählige Nachtclubs, in
denen karibische Rhythmen gespielt werden, beispielsweise das
Tropicana (Local 58), die **Mojito
Bar** (Local 59) sowie für neueste
Musik das **Nayandei** (Local 203
bis 205, 2. Stock).

Faszinierende Meeresbewoh-
ner tummeln sich nebenan in den
20 riesigen Becken von Europas
größtem Unterwasserzoo **L'Aquàrium** **2** ❯ S. 22. Beim Rundgang
durchquert man einen 80 m lan-

gen Plexiglastunnel – **Auge in
Auge mit Muränen und Haien**
(Tel. 932 21 74 74, www.aquarium
bcn.com, tgl. 9.30–21 Uhr, Juli,
Aug. bis 23 Uhr, Eintritt 16,50 €,
Kinder 11,50 €).

Palau del Mar **3**

Der größte der ehemaligen Lagerschuppen am alten Hafen aus dem
Jahr 1901 wurde stilsicher modernisiert und Palau del Mar getauft.
Im zweiten und dritten Stock des
Backsteinbaus eröffnete das *Museu d'Història de Catalunya. Sei-

— **3** – Im maritimen
Barcelona

1 Maremàgnum
2 L'Aquàrium
3 Palau del Mar
4 Església de la Mercè

5 La Llotja
6 Porxos Xifré
7 Estació de França
8 Arc de Triomf
9 Museu de la Xocolata
10 Antic Mercat del Born
11 Santa Maria del Mar

12 Museu Barbier-Mueller
d'Art Precolombí
13 Museu Picasso
14 Torre Sant Sebastià
15 Sant Miquel del Port
16 Fischskulptur von Frank
Gehry

ne hervorragend arrangierte Dauerausstellung entführt von den Anfängen der katalanischen Geschichte in das dritte Jahrtausend. Schwerpunkte bilden die industrielle Revolution und die Post-Franco-Ära. Da die Beschriftung der Exponate ausschließlich in katalanischer Sprache ist, sollte man sich an der Kasse den kostenlosen englischsprachigen Führer geben lassen (www.mhcat.net, Di, Do–Sa 10–19, Mi 10–20, So, Fei 10–14.30 Uhr).

Am Carrer Ample

Ursprünglicher und ruhiger als am modischen Port Vell geht es jenseits des Passeig de Colom zu. Die Parallelstraße Carrer Ample ist inzwischen das Quartier von Arbeitern, Handwerkern und vielen kleinen Geschäften; früher lebte hier das reiche Bürgertum, das allerdings im 19. Jh. in die Eixample umzog. Eine Ahnung vom alten Glanz vermittelt jedoch noch heute die nahe gelegene beschauliche Plaça Duc de Medinaceli.

Ein Stück weiter hat man Häuser abgerissen und so freie Sicht auf die **Església de la Mercè** 4 mit der Madonnenskulptur auf der Kuppel geschaffen. Die Pfarrkirche ist der zweiten Schutzheiligen der Stadt neben Santa Eulàlia geweiht: der Muttergottes des Erbarmens. 1267 erbaut, wurde das Gotteshaus im 17. Jh. um ein Kloster erweitert und etwa 1775 durch ein Barockgebäude ersetzt; der Innenraum lässt noch barocke Pracht erkennen.

*La Llotja 5

Carrer Ample und Passeig de Colom führen zur Plaça Antoni López (1910), benannt nach dem Gründer der Schifffahrtslinie »Transatlántica«. Die Szenerie des Platzes wird bestimmt von der Hauptpost (Correus i Telègrafs) aus der Zeit der Jahrhundertwende und dem großartigen Block von La Llotja. Das alte Börsengebäude zwischen Passeig Isabel II und Carrer del Consulat entstammt in Teilen dem 14. Jh. Ursprünglich Sitz des für die Verwaltung von Handel und Seeverkehr zuständigen Consolat del Mar, verlieh ihm Ende des 18. Jh. eine Renovierung seine heutige harmonische Gestalt. Auf Einlass in die klassizistischen prunkvollen Innenräume und den weiten gotischen Saal aus dem 14. Jh. können Nichtbörsianer nicht spekulieren, aber immerhin vom Platz aus den romantischen Innenhof betreten.

Porxos Xifré 6

An den Passeig Isabel II grenzt auch der Komplex Porxos Xifré, auszumachen am Arkadengang und seinen sieben Portalen. Josep Xifré, ein in Amerika zu Reichtum gelangter Bankier und späterer Bürgermeister von Barcelona, ließ ihn im 19. Jh. errichten. Heute findet sich in dem Anwesen recht Gegensätzliches: zum Passeig Isabel II hin das vornehme Traditionslokal **Set Portes,** zum hafenwärtigen Carrer Reina Cristina kleine Läden, die von Elektronik aus Fernost überquellen.

Can Paixano

Carrer de la Reina Cristina 7
Tel. 933 10 08 93
www.canpaixano.com

Im diesem winzigen, äußerlich un-
scheinbaren gastronomischen Kleinod
knabbert man appetitliche Bocadillos
(belegte Brötchen) und schlürft dazu
Cava. Die originelle Atmosphäre – un-
verputzte Wände, Stehtische, hektisch
hinterm Tresen hantierende Barleute –,
hat das Can Paixano zum stadtbekann-
ten Treff gemacht.

Estació de França 7

Weiter geht es auf der Avinguda
Marquès de l'Argentera, vorbei am
neoklassizistischen Gebäude des
Gobierno Civil, dem Sitz der Madrid unterstellten Zivilregierung,
zur Estació de França. Der 1992
aufwendig geliftete Bahnhof von
1929 beeindruckt durch seine
Holzvertäfelungen und den Mar-
morfußboden.

Etwas weiter zweigt der Passeig
de la Circumval.lació rechts ab,
der den Parc de la Ciutadella südlich umgeht und sich dann zur
Zufahrt zum Olympischen Dorf
verbreitert.

*Parc de la Ciutadella

Am Ende der Avinguda Marquès
de l'Argentera grüßt beim Eingang
zum Parc de la Ciutadella die Rei-
terstatue von General Prim. Er
gab 1869 das Zeichen zum Schleifen der Zitadelle, die Felipe V 150
Jahre zuvor hatte aufziehen lassen.
Mit lustvollem Ingrimm beseitig-
ten die Barceloneser das Schand-
mal der Unterdrückung, und ein-

zig das Arsenal blieb vom Abriss
verschont, dort tagt heute das katalanische **Parlament.** Der **Zoo**
❯ S. 22 im Süden des 30 ha großen
Parks besteht seit 1892.

**Eine wahre Augenweide im
Park ist der Kaskadenbrunnen:**
Sein Wasserfall ergießt sich zu
Füßen einer majestätischen Qua-
driga in das von Drachen umrahmte Becken. Mehrere katalanische Künstler beteiligten sich an
der Gestaltung – auch Antoni
Gaudí als Gehilfe des Garten-
architekten Josep Fontseré i
Mestres, der 1876 die Gestaltung
des Parks für die Weltausstellung
1888 übernahm. Gaudís Idee war
es, im Park Skulpturen bekannter
Künstler aufzustellen, darunter
auch die Brunnenstatue »Dame
mit Regenschirm« von Roig i So-
ler und die Frauenfigur »Die Ver-
zweiflung« von Josep Llimona im
Teich vor dem Parlament.

Arc de Triomf 8

Etwa 300 m westlich des Parc de
la Ciutadella erhebt sich am
Passeig Lluís Companys der
mächtige Arc de Triomf, eine modernistische Interpretation des
maurisch-gotisch inspirierten
Mudéjarstils von Josep Vilaseca.
Der Bogen fungierte als Eingangstor zur Weltausstellung von 1888.

Durch das Tor beim Zoologischen Museum kommt man auf
den **Passeig de Picasso.** Ein
künstlicher Wassergraben, die
Skulptur »Hommage à Picasso«
des Bildhauers Antoni Tàpies und
andere Modernisierungen haben
die Straße aufgemuntert.

Schlichtes Material, opulente Verzierung: Der Arc de Triomf war das Eingangstor zur Weltausstellung von 1888

Museu de la Xocolata 9

1780 eröffnete in Barcelona die erste Schokoladenmanufaktur in ganz Europa. Dieser langen Tradition widmete im Jahr 2000 die Konditorinnung Kataloniens das *Museu de la Xocolata, ein sehenswertes Schokoladenmuseum am Carrer Comerç, am schnellsten erreichbar über den Carrer de la Princesa. Herkunft, Herstellung, Handwerk, Handel – kein Aspekt der süßen Köstlichkeit bleibt hier unberücksichtigt.

Eine wahre Wonne für Naschkatzen ist der edel gestylte Laden, ganz zu schweigen von der Cafeteria des Museums! Dort muss man einfach eine große Tasse der legendären katalanischen Xocolata probieren (Carrer Comerç 36, Ⓜ Arc de Triomf, www.museu delaxocolata.com, Mo–Sa 10–19, So, Fei 10–15 Uhr).

Passeig del Born

Zurück Richtung Hafen stößt man am Ende des Carrer Comerç auf die weitläufige Halle (19. Jh.) des **Antic Mercat del Born** 10, des früheren Hauptmarkts, der auf Drängen der Bürger vom Abriss verschont blieb und nun ein Veranstaltungszentrum ist.

Weiter über die Plaça Comercial gelangt man zum Passeig del Born. Auf dem lang gestreckten Platz, im Mittelalter ein Haupttreffpunkt der Stadt, sind die Einheimischen noch weitgehend unter sich. Unbehelligt vom Trubel des nahen Hafens sitzt man auf den Bänken, tratscht und genießt den Müßiggang. Die zahlreichen Galerien in den umliegenden Straßen locken eine Menge Kunstbegeisterte in die Gegend, und die Cocktail- und Cava-Bars ziehen nach Sonnenuntergang ein jüngeres Publikum an.

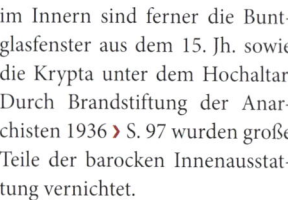

Eine der schönsten gotischen Kirchen der Stadt ist Santa Maria del Mar

*Santa Maria del Mar 🈁

Mitten im Viertel La Ribera erhebt sich die Església Santa Maria del Mar mit ihren mächtigen Türmen wie eine Festung. In nur 50 Jahren von einem einzigen Baumeister, Berenguer de Montagut, geschaffen, **beweist die dreischiffige Basilika außergewöhnliche Harmonie und Stilreinheit.** Außen besticht vor allem die riesige Rosette über dem Haupteingang: in Stein gehauene Spitze mit Glasmalereien, die innen im Licht der Mittagssonne ihre magische Leuchtkraft entfalten. Sehenswert

im Innern sind ferner die Buntglasfenster aus dem 15. Jh. sowie die Krypta unter dem Hochaltar. Durch Brandstiftung der Anarchisten 1936 ❯ S. 97 wurden große Teile der barocken Innenausstattung vernichtet.

Geht man links um die mächtigen Pfeiler der Kirche, entdeckt man einen kleinen Platz, auf dem ein Marmordenkmal daran erinnert, dass sich hier einst der Friedhof **Fossar de les Moreres** für die Gefallenen der Schlacht von 1714 befand, die Felipe V die Tore der Stadt öffnete.

*Carrer Montcada

Im Schatten der gotischen Kirche führt der Carrer Sombreria, die Straße der Hutmacher, Richtung Norden zurück und mündet in den Carrer Montcada. Flankiert von imposanten Palästen wie dem **Palau Dalmases** (Hausnr. 20) und dem **Palau Cervelló** (Hausnr. 25) – beide aus dem 15. Jh. –, wirkt diese einstige Patrizierstraße wie ein mittelalterliches Freilichtmuseum.

In den Räumen des Palau del Marqués de Lliô (Hausnr. 12) aus dem 16. Jh. zeigt das **Museu de Tèxtil i d'Indumentària** Gebrauchskunst und Kleidung aus fünf Jahrhunderten (www.museu textil.bcn.es, wegen Umbauarbeiten 2009 geschlossen; ein Teil der Sammlung kann im Palau Reial de Pedralbes besichtigt werden). In jedem Fall einen Besuch wert ist das Café im Innenhof des Museums, das trotz der Renovierungsmaßnahmen geöffnet ist.

Karte Seite 92

Restaurant

El Xampanyet

Carrer Montcada 22

Tel. 933 19 70 03

Ein stadtbekannter Klassiker, in dem hervorragender Cava und leckere Snacks serviert werden. Besonders empfehlenswert: der Schinken.

Shopping

In die prächtigen Paläste am Carrer Montcada sind zum Teil öffentliche Institutionen eingezogen, man findet dort aber auch zahlreiche **Kunsthandwerksläden** sowie renommierte **Galerien**, in denen man nach Herzenslust wirklich außergewöhnliche Dinge einkaufen kann.

Museu Barbier-Mueller d'Art Precolombí 🖽

Ein weiteres Highlight des engen Carrer Montcada ist das erst 1997 eröffnete Museu Barbier-Mueller d'Art Precolombí im **Palau Nadal** (Hausnr. 14). Es zeigt in drei Sälen die altamerikanische Kollektion der Genfer Privatsammler Jean-Paul Barbier und Josef Mueller. Jedes der nur 63 Exponate aus der Anden- bzw. Amazonasregion Mittel- und Südamerikas ist von höchster Qualität. Zu den Preziosen zählt eine rund 2500 Jahre alte Olmeken-Figur (www.barbier-mueller.ch, Di–Fr 11–19, Sa 10 bis 19, So, Fei 10–15 Uhr).

Anarchisten: Barcelona schwarz-rot

In Katalonien schlug die große Stunde der Anarchisten 1936 mit Ausbruch des Spanischen Bürgerkriegs, als Arbeiter den Putsch der Nationalisten unter Franco abwehrten. Spontan übernahmen Angestellte Fabriken, Behörden, Geschäfte, Theater und Kinos, und Stadtteile und Gemeinden im Hinterland erhielten Räteregierungen, die Privateigentum und zum Teil sogar das Geld abschafften. Die dezentralen Kleinstaaten funktionierten einige Monate lang erstaunlich gut, und ihr bekanntester Vorkämpfer Buenaventura Durruti machte sich bei der Verteidigung von Barcelona und Madrid gegen die Faschisten verdient. »Der kurze Sommer der Anarchie«, so der Titel eines Romans von Hans Magnus Enzensberger, hatte aber auch seine Schattenseiten: Nicht selten artete die Euphorie in blutige Übergriffe auf den »Klassenfeind«, Plünderungen und Zerstörungen von Kirchen aus. Generalissimo Franco übte nach seinem Sieg bittere Rache. Wer nicht rechtzeitig floh, wurde eingesperrt, gefoltert, liquidiert. Nach Francos Tod 1975 erlebte der Anarchosyndikalismus eine kurze Renaissance: Studenten und Bohemiens, alte und junge Antiautoritäre fanden in der anarchosyndikalistischen Organisation CNT ein gemeinsames Forum der Gegenkultur.

Eine einschlägige politische Rolle spielt die Gewerkschaft indes nicht mehr, zumal sie durch Flügelkämpfe der orthodoxen und reformerischen Anarchisten heillos zerstritten ist. Wenn sich am 1. Mai die letzten Aufrechten auf der Plaça de Catalunya unter der schwarz-roten Flagge sammeln, könnten nichts ahnende Passanten sie glatt für eine Folkloretruppe aus der Provinz halten.

Hinter mittelalterlichen Mauern verbirgt sich das exquisite Museu Picasso

6 ****Museu Picasso** 🔢

Die meistbesuchte, nicht selten überlaufene Attraktion des Carrer Montcada bleibt das Museu Picasso. Es dehnt sich über drei Paläste aus, den Palau Aguilar (Nr. 15), den Palau Baró de

> ### Pablo Picasso
>
> Der in Málaga geborene Pablo Picasso (1881–1973) studierte in seiner Jugend in Barcelona Malerei: an der **Escuela de Bellas Artes,** die seinerzeit in der Llotja ❯ S. 93 untergebracht war und an der sein Vater unterrichtete. Mit seiner Clique frequentierte Picasso häufig das Lokal **Els Quatre Gats** ❯ S. 31 und zog durch das Viertel El Raval. Ein Bordell im Carrer Avinyó soll ihn zum kubistischen Gemälde »Les Demoiselles d'Avignon« (1907) inspiriert haben.

Castellet (Nr. 17) und den Palau Meca (Nr. 19).

Die Exponate – mehr als 3600 Werke – stammen aus Schenkungen und dem Nachlass des Künstlers, aus dem Besitz seines Freundes und Sekretärs Jaume Sabartés sowie aus der von der Stadt aufgekauften Sammlung Planduria. In wechselndem Turnus sind jeweils ungefähr 500 Arbeiten zu sehen. Besonders beeindruckt die Kollektion von Frühwerken aus den Jahren 1890–1904; sie reicht von den technisch perfekten Arbeiten des Schuljungen bis hin zu den Bildern, die Pablo Picassos Blaue Periode einläuten (www.museupicasso.bcn.es, Di–So 10–20 Uhr, Eintritt 9 €).

Im Anschluss an die Besichtigung kann man im großen **Karten- und Posterladen** des Museums einkaufen oder sich im **Café del Museu** stärken.

*La Barceloneta

Barceloneta bildet ein Dreieck zwischen dem Port Vell, der Estació de França und dem neuen Olympischen Hafen im Osten. Bis Anfang des 18. Jhs. war das Gebiet dünn von Fischern besiedelt, das änderte sich jedoch mit Barcelonas Eroberung durch Felipe V 1714. Für den von ihm angeordneten Bau einer großen Festung (Ciutadella) wurden im bevölkerungsreichen Stadtteil Ribera über 1200 Häuser und 52 Straßenzüge planiert. Um Wohnraum für die Obdachlosen zu schaffen, erhielt der französische Ingenieur Prosper de Verboom den Auftrag, im noch unbebauten Strandgebiet eine Siedlung anzulegen: Ab 1753 entstand »Klein-Barcelona«, eine Planstadt mit einem rechtwinkligem Straßenmuster und einheitlich zweistöckigen Wohnblocks. Hierhin zogen viele Bewohner aus Ribera, aber auch Fischer und Matrosen.

Plaça Barceloneta

Vom **Passeig Joan de Borbó,** der das Hafenbecken von der Plaça de Pau Vila bis zur **Torre Sant Sebastià** 14, der Talstation des Transbordador Aéri zum Montjuïc, säumt, zweigt der Carrer Escuder mündet ab. Er mündet auf die hübsche Plaça Barceloneta mit der barocken Pfarrkirche **Sant Miquel del Port** 15 als Blickfang. In einem Haus neben der Kirche

---

So simpel, so gut

Es gehört zu jedem deftigen Fischessen im Viertel Barceloneta wie die Casa Milà zur Eixample: das Tomatenweißbrot, katalanisch *pa amb tomàquet* genannt. Es ist die »Manifestation der Begegnung der europäischen Kultur des Weizens mit der amerikanischen der Tomate, der mediterranen des Olivenöls und dem Salz, jenem Salz der Erde, das der christlichen Kultur heilig ist«, so jedenfalls lässt Vázquez Montalbán ❯ S. 59 eine seiner Romanfiguren philosophieren. Weit weniger hochtrabend klingt das Rezept: Man nehme dicke Scheiben nicht mehr ganz frischen Weißbrots, reibe es mit sehr reifen Tomatenhälften ein, bestreue das Ganze mit Salz und träufle Olivenöl darüber. Damit Öl und Tomate (verwendet wird eine spezielle, kleine Sorte) sich gut vermischen, drücke man das Brot von den Kanten her zusammen und lasse wieder los. Zur Abwechslung kann man auch mal geröstete Brotscheiben verwenden, zusätzlich frische Petersilie aufstreuen oder eine Zehe Knoblauch aufs Brot reiben. Vermutlich entstand das ureigene katalanische *pa amb tomàquet* im 19. Jh. als Arme-Leute-Essen und billige Resteverwertung. Heute kultivieren Spitzenköche das Tomatenbrot als kulinarisches Aushängeschild katalanischer Eigenständigkeit. Aber es schmeckt auch ohne ideologische Würze, wie nicht nur Montalbáns Detektiv Pepe Carvalho weiß: »Es ist ein phantastisches Wunderwerk, das an Einfachheit und Wohlgeschmack die Tomatenpizza weit in den Schatten stellt.«

wohnte Ferdinand de Lesseps, der Erbauer des Suezkanals, während seiner Amtszeit als französischer Konsul in Barcelona.

Restaurants

Echt gut! **Erstklassige Fischrestaurants** reihen sich in diesem Gebiet entlang dem **Passeig Joan de Borbó** auf, außerdem wird die **Plaça Barceloneta** von zahlreichen Restaurants und Bars flankiert. Eine weitere gute Adresse für Fischlokale ist der **Carrer Almirall Cervera**.

Passeig Marítim

Eine umfangreiche Sanierung hat den Passeig Marítim zwar nicht in eine mondäne, aber dennoch in **eine attraktive Strandpromenade** verwandelt. Dezenter Schmuck ist ein Gedenkbrunnen für die in Barcelona aufgewachsene Flamenco-Tänzerin Carmen Amaya.

Restaurant

Agua
Passeig Marítim de Barceloneta 30
Tel. 932 25 12 72
www.aguadeltragaluz.com
Ⓜ Ciutadella
Luftiges, stilsicher dekoriertes Designerlokal am Wasser, spezialisiert auf Fisch und Paella. ●●

Platja de Barceloneta

Barcelonas Hausstrand ist fast ganzjährig gut besucht; an Sommerwochenenden reihen sich die Badetücher nahtlos aneinander. Die mangelhafte Wasserqualität scheint die Badenden wenig zu bekümmern. Hauptverschmutzer sind die Raffinerien, der Schiffsverkehr und die Abwässer der Millionenstadt. Kataloniens Umweltminister lässt nichts unversucht, um die Strandqualität zu verbessern: Es werden Kläranlagen gebaut und die Strände täglich gereinigt.

Die Platja de Barceloneta ist bei schönem Wetter immer voll

Vorsicht vor Schleppern!

Lassen Sie sich nicht von lautstarken Schleppern leiten. Viel Aufhebens wird oftmals um »frische Garnelen« *(gambas)* gemacht, tatsächlich handelt es sich häufig um minderwertige Tiefkühlware aus asiatischer Aquakultur.

Beeindruckend: die moderne Architektur im Viertel Vila Olímpica, im Vordergrund eine Fischskulptur von Frank Gehry

Vila Olímpica

Nördlich des alten Barceloneta stößt der Passeig Marítim auf das moderne Viertel Vila Olímpica. Wo die **futuristischen olympischen Anlagen** in den Himmel ragen, erblickt man vor einigen Jahren noch Barcelonas tristen Hinterhof: verfallene Industrieanlagen, Schrottplätze und Slums, doch die Stadt nutzte die Olympiade, um »aufzuräumen«. Hier legte sie den schmucken, nun als Jachthafen genutzten Olympischen Hafen an. Ein neues Emblem Barcelonas ist die riesige bronzene **Fischskulptur** 16 des US-Amerikaners Frank Gehry, und ganz in der Nähe recken sich zwei 44-stöckige Wolkenkratzer in die Höhe: Sie flankieren den Eingang zur Vila Olímpica, dem Olympischen Dorf von 1992. Interessant ist vor allem auch die kilometerlange Strandpromenade des **Port Olímpic** mit ihren Freiluftrestaurants, Bars und Diskos.

Restaurant

Bestial
Ramón Trias Fargas 2–4
Tel. 932 24 04 07
www.bestialdeltragaluz.com
Ⓜ Barceloneta
Italienische Mittelmeerküche in angenehmer Atmosphäre. Terrasse mit toller Aussicht aufs Meer. ●●

Poble Nou

Mit der progressiven Architektur des Port Olímpic kontrastieren die Gassen und Plätze des einstigen Industrie- und Arbeiterviertels Poble Nou. Auf der Rambla del Poble Nou und der ruhigen Plaça Prim fühlt man sich in die tiefste katalanische Provinz versetzt.

Moderne Räume in der Stadt

■ **Parc de l'Espanya Industrial**
(Ⓜ Sants). Auf dem Gelände der Textilfabrik Espanya Industrial, in der 1855 einer der größten Arbeiteraufstände der industriellen Revolution entflammte, legte der Baske Luis Peña Gancheguí einen postmodernen Garten an. Mit seinen zehn »Leuchttürmen«, einem See und der eisernen Drachenskulptur von Andrés Nagel zum Klettern für Kinder, hat er sich zu einem der beliebtesten Parks der Stadt gemausert.

■ **Parc del Fòrum,** ein neuer Freizeitpark am Meer, und das **Edifici Fòrum** (Ⓜ Fòrum) am meerseitigen Ende der Avinguda Diagonal sind die bleibenden Errungenschaften des Weltforums der Kulturen, entworfen von den Schweizer Architekten Herzog & de Meuron.

■ **Torre Agbar** (Ⓜ Glòries) nennt sich das Wahrzeichen des modernen Quartiers Diagonal Mar. Geplant und umgesetzt von Jean Nouvel, bietet der 144 m hohe Turm (Spitznamen u.a. »Leuchtgurke«, »Vibrator«, »Geysir«) nachts dank 4000 Leuchtdioden mit wechselnden Farbeffekten einen spektakulären Anblick.

■ **Parc Joan Miró,** einst Gelände eines Schlachthofs und heute eine friedvolle grüne Oase am verkehrsreichen Carrer Tarragona (Ⓜ Espanya). Rentner verabreden sich unter stämmigen Dattelpalmen gern zur *petanca,* der spanischen Version des Boule-Spiels. Über das Geschehen wacht Mirós 22 m hohe Skulptur Dona i Oçell (»Frau und Vogel«).

Fòrum

Das an das Poble Nou angrenzende jüngste Viertel Barcelonas entstand erst 2004 für das »Forum der Weltkulturen« und heißt daher auch schlicht Fòrum. Sein Mittelpunkt liegt am Südende der Avinguda Diagonal; sehenswert sind dort vor allem das verrückte **Edifici Fòrum,** der **Parc del Fòrum** mit den zahlreichen Sportanlagen, Strandbädern und Spielplätzen sowie der schicke neue Jachhafen **Port Fòrum,** der die Superreichen aus aller Welt anziehen soll (www.portforum.net).

Für den nach ihm benannten Park schuf Joan Miró die Skulptur »Frau und Vogel«

8 Der Montjuïc

Nicht verpassen!

- Bauhaus in Barcelona: der Pavelló Mies van der Rohe
- Die Schätze der Romanik im Museu Nacional d'Art de Catalunya
- Das Poble Espanyol, Spanien im Miniformat
- Die Erinnerungen an die Olympischen Spiele von 1992 auffrischen

Zur Orientierung

Der Montjuïc im Süden der katalanischen Metropole ist einer der beiden Hausberge Barcelonas – seine markante Silhouette mit der Kolumbus-Säule im Vordergrund gehört zu den beliebtesten Fotomotiven überhaupt. Die Lage am Meer machte den Montjuïc trotz seiner nur 213 m Höhe zu einem strategisch wichtigen Punkt. Zu Zeiten der Römer lagen hier ein Tempel und im Mittelalter ein jüdischer Friedhof, weshalb die Bezeichnung des Berges einerseits auf *mons Jovis* (Berg des Jupiter), anderseits auf *Montjueu* (Judenberg) zurückgeführt werden kann.

Heute lohnt sich die »Bergtour« vor allem wegen der Kunstschätze im Katalanischen Nationalmuseum oberhalb der Plaça d'Espanya, wegen der schönen Gärten, der noch immer avantgardistisch wirkenden olympischen Bauten von 1992 und natürlich wegen des unvergleichen Blicks auf die Stadt und den Hafen.

Tour auf dem Montjuïc

Rund um den **Montjuïc

– ❹ – **Plaça d'Espanya** ›
Font Màgica › **Mercat de les Flors** › **Pavelló Mies van der Rohe** › **Poble Espanyol** ›
***Museu Nacional d'Art de Catalunya** › **Passeig de Santa Madrona** › ****Fundació Miró** › ***Olympischer Ring** › **Castell de Montjuïc** › **La Barceloneta**

Dauer: 1 Tag
Praktische Hinweise: Startpunkt ist die Plaça d'Espanya (Ⓜ Espanya), von dort geht es zu Fuß auf den Gipfel. Alternativ und bequemer fährt man mit der Zahnradbahn (Funicular) und Seilbahn (Teleférico) ab Ⓜ Paral.lel auf den Montjuïc. Das Gipfelplateau ist recht weitläufig; wer nicht weit gehen will, kann mit der blauen Linie des Bus Turístic die wichtigsten Punkte anfahren. Zurück ins Zentrum fahren die Metro (Ⓜ Barceloneta) und Busse vom Passeig Joan de Borbó.

Plaça d'Espanya

Zwei turmähnliche Obelisken aus Backstein springen an der Plaça d'Espanya ins Auge; der Architekt Reventós empfand sie Venedigs Markusturm nach. Sie bildeten das Eingangstor zur zweiten Weltausstellung in Barcelona 1929 und geben den wohl **schönsten Blick auf die monumentale Treppe** frei, die zum **Palau Nacional** › S. 109 aufsteigt.

Von der Placa d'Espanya strebt die Avinguda de la Reina Maria Cristina Richtung Süden. Sie wird gesäumt von den weitläufigen Gebäuden der Messe »Fira de Barcelona«, in denen das ganze Jahr über wechselnde Ausstellungen sowie Industrie- und Handelsmessen stattfinden. Der inzwischen ausgemusterten Stierkampfarena an der Nordseite der Plaça d'Espanya winkt eine Zukunft als Shoppingkomplex inklusive Restaurants und Kinos. Das Backsteinrund im neoarabischen Stil bleibt als denkmalgeschützte Fassade erhalten.

— ❹ —
Rund um den Montjuïc

1 Font Màgica
2 Mercat de les Flors
3 Pavelló Mies van der Rohe
4 Poble Espanyol

5 Museu Nacional d'Art de Catalunya
6 Museu Etnològic
7 Museu Arqueològic
8 Teatre Grec
9 Fundació Joan Miró
10 Palau Albéniz
11 Castell de Montjuïc

Die illuminierten Fontänen der Font Màgica vor dem Hintergrund des

Am Abend

Sala Apolo
Nou de la Rambla 113
Tel. 934 41 40 01
www.sala-apolo.com
Ⓜ Paral.lel
Kurioser Nachtklub in einem alten Tanzpalast der 1940er-Jahre. Live Tanzmusik Do–Sa abends, ab Mitternacht Techno, Jazz und Flamenco.

Font Màgica 1

Von der Plaça d'Espanya ist es ein Katzensprung zur Plaça Carles Buïgas, benannt nach dem Erbauer der auffälligen Font Màgica in ihrer Mitte. Der »magische Brunnen« sprüht an Sommerabenden (nicht täglich), manchmal untermalt mit Musik, vor der eindrucksvollen Kulisse des Palau Nacional illuminierte Fontänen gen Himmel. Am zauberhaftesten ist die Nacht vom 23. auf den 24. Juni: Dann erstrahlt der gesamte Berg im Feuerwerk des Sant-Joan-Festes, während aus den über 3000 Düsen des Brunnens Fontänen in unzähligen Farbvariationen schießen und die Zuschauer in den Bann schlagen.

Abstecher zum Mercat de les Flors 2

Der einstige Blumenmarkt östlich der Messehallen dient heute als Forum für modernes Theater. Hier, zwischen dem Hausberg Montjuïc und Avinguda del Paral.lel, erstreckt sich das Wohnviertel **Poble Sec,** ehemals ein Slumquartier des Industrieproletariats.

Pavelló Mies van der Rohe 3

Zurück an der Font Màgica biegt man rechts in die Avinguda del Marquès de Comillas, die sich in

Palau Nacional

Serpentinen bergauf schlängelt. Dort stößt man unmittelbar links auf den Pavelló Mies van der Rohe. Der Pavillon wurde 1929 als deutscher Beitrag zur Weltausstellung errichtet, sofort danach abgerissen, 1986 jedoch auf Initiative einer Künstlergruppe originalgetreu wieder aufgebaut.

Das Werk des Architekten Ludwig Mies van der Rohe (1886 bis 1969) ist ein Paradebeispiel der Bauhausarchitektur. Mit seiner rechtwinkligen Linienführung, den glatten Flächen aus Marmor und Glas ohne Zierrat und Farbigkeit und den offenen Räumen, die sich um ein Wasserbecken gruppieren, wirkt der Bau kühl und sehr sachlich – wodurch er sich krass von dem verspielten Noucentisme-Stil der übrigen Gebäude der Weltausstellung abhob.

Im Innern sieht man den von Mies van der Rohe speziell für diesen Pavillon entworfenen Stuhl aus verchromtem Bandstahl mit Lederpolstern: Der heute noch hergestellte **Barcelona Chair wurde ein Klassiker des modernen Designs** (www.miesbcn.com, tgl. 10–20, im Winter bis 18 Uhr).

*Poble Espanyol 4

Nächste Station beim Aufstieg über die Avinguda ist das Poble Espanyol. Mit dem »Spanischen Dorf«, einem Potpourri typischer Bauten der verschiedenen Regionen Spaniens, präsentierte sich das Gastgeberland zur Weltausstellung 1929 den Besuchern. Man betritt das Dorf durch die **Puerta de San Vicente,** den Nachbau eines Teils der Stadtmauer von Ávila in Kastilien. Beim Bummel entpuppt sich das komplett artifizielle Dorf als ansprechendes Ensemble von Rekonstruktionen, darunter Häuser aus Aragón an der Plaça Aragonesa, ein andalusisches Viertel (Barri Andaluz) sowie baskische Paläste und Häuser in der Calle del Principe de Viana.

Das unbewohnte Mini-Spanien erweist sich insbesondere am Wochenende als **sehr belebtes, auch bei den Einheimischen beliebtes Freilichtmuseum.** Es wimmelt nur so von Bars, Restaurants, Kunsthandwerksläden und Werkstätten wie z.B. einer Glashütte, die die Kunst des Glasblasens demonstriert (www.poble-espanyol.com, Mo 9–20, Di–Do 9–2, Fr, Sa 9–5, So 9–23 Uhr).

Studienobjekt Barcelona

Für Architekten und Stadtplaner ist Barcelona aufgrund der tiefgreifenden
städtebaulichen Reformen der letzten 150 Jahre ein ideales Studienobjekt.

Auslöser der Innovationsfreude war die industrielle Revolution, die zu ei-
nem sprunghaften Bevölkerungsanstieg führte und die Altstadt aus allen
Nähten platzen ließ. 1854 bewilligte die Zentralregierung den Bau einer
Neustadt, der Eixample (Erweiterung), und sechs Jahre später wurde der
Entwurf des Stadtplaners Ildefons Cerdà (1816–1876) angenommen: Junge
Architekten des Modernisme sollten sich in diesem Viertel verwirklichen dürfen. Cerdàs idealistische Pläne wurden allerdings von Spekulanten zunichte
gemacht: Zwar hielt man das Schachbrettmuster ein und schuf breite Alleen,
doch die Preise und Stockwerke (bis zu acht) wurden von Immobilienhaien
in die Höhe getrieben und Grünflächen ausgedünnt. Heute ist die Eixample
ein dicht besiedeltes Nobelviertel mit schwindelerregenden Mieten.

Einen weiteren Bauboom erlebte Barcelona 1929 anlässlich der Weltausstellung. Wieder nutzte man die Gunst der Stunde und machte aus einem
unpopulären Ort, dem Montjuïc, eine Attraktion. Rund um den Hügel entstanden einladende Parks, markante Ausstellungspavillons und Vorzeigebau-
ten wie der Palau Nacional > S. 109 oder das Poble Espanyol > S. 107.

Die Franco-Diktatur lähmte die kulturelle Entwicklung, doch nach dem de-
mokratischen Neubeginn besannen sich die Barceloneser ihrer Tradition als
kreative Stadtplaner. Die Olympischen Spiele von 1992 boten die Chance, ein
neues Großprojekt anzupacken. Mit dem Schlagwort *Nou Urbanisme* (»Neuer Städtebau«), der Parole *Barcelona posa't guapa* (»Barcelona, putz dich
heraus«) und der Aussicht auf mehr Wohnraum und Lebensqualität in der
Altstadt, warb man für neue Ringstraßen, glanzvolle Sportarenen und post-
modernes Styling. Außerdem siedelte man im Zuge der Neugestaltung die
Industrie um bzw. verlegte die Bahnschienen unter die Erde, um freien Zugang zum Strand zu erhalten. Seitdem kann sich auch der Hafen wieder sehen lassen und Barcelona darf sich mit Recht »Stadt am Meer« nennen.

Am Abend

Nachts geht es an der »Plaza Mayor«, dem Marktplatz des Poble Espanyol, hoch her. Überall ertönt Musik, beispielsweise im Restaurant El Tablao de Carmen, das zu andalusischen Spezialitäten folkloristischen Flamenco serviert. Ein Mekka der Szene ist auch der Nachtclub La Terrrazza mit seinem Ibiza-Retro-Ambiente ❯ S. 45.

9 ***Museu Nacional d'Art de Catalunya ⑤

Im Rücken des Spanischen Dorfs führt die Avinguda dels Montanyans zum **Palau Nacional,** dem prätentiösen spanischen Weltausstellungspavillon. Statt den Monumentalbau wie ursprünglich geplant abzureißen, brachte man in ihm 1934 eines von Barcelonas bedeutendsten Museen unter: das Museu Nacional d'Art de Catalunya (MNAC), das eine kostbare Kollektion romanischer und gotischer Kunst besitzt.

Das MNAC ist nahezu zur Hälfte der romanischen Plastik und Malerei gewidmet, vertreten durch eine Vielzahl von sakralen Skulpturen, Altargemälden und Wandfresken. Gut 400 Einzelstücke präsentiert die gotische Abteilung. Altaraufsätze und Gemälde, darunter die »Hl. Ursula« (1468) von Joan Rexach, die »Virgen de Consellers« (1445) von Lluís Dalmau sowie Gemälde des Katalanen Jaume Huguet (1414–1492) bilden den Schwerpunkt. Auch Renaissance, Barock und spätere Epochen sind durch beispielhafte Werke von Künstlern wie Francisco de Ribalta, José de Ribera, Diego Rodríguez de Silva y Velázquez, El Greco und die Sammlung *Col.leccio Thyssen-Bornemisza (13.–16. Jh.) repräsentiert.

Im Obergeschoss des MNAC zeigt das **Museu d'Art Modern** Kunst des 19. und beginnenden 20. Jhs., vor allem von katalanischen Künstlern.

Der prächtige Palau Nacional beherbergt das renommierte MNAC

Romanische Fresken im Museum Nacional d'Art de Catalunya

Die ***Col.lecció Cambó** im Untergeschoss des Museums geht auf die erlesene Gemäldesammlung des katalanischen Politikers Francesc Cambó (1876–1947) zurück. Sie umfasst beispielsweise Werke von Lucas Cranach, Tizian, Tintoretto, Zurbarán, Goya, Tiepolo, aber auch von anderen Meistern des 16. bis frühen 19. Jhs. (www.mnac.es, Di–Sa 10 bis 19, So 10–14.30 Uhr).

Museu Etnològic 6

Vom Palau Nacional führt der Passeig de Santa Madrona hinab zum Museu Etnològic. Gleichfalls in einem anlässlich der Weltausstellung 1929 errichteten Gebäude präsentiert das Völkerkundemuseum Kunsthandwerk der traditionellen Kulturen Asiens, Afrikas und Lateinamerikas (www.museu etnologic.bcn.es, Di, Do 10–19, Mi, Fr–So 10–14 Uhr).

Fresken im Original

Aus Kirchen und Klöstern der abgelegenen Pyrenäentäler Kataloniens wurden in mühevoller Kleinarbeit um das Jahr 1000 entstandene, mittlerweile durch Verfall gefährdete Apsismalereien abgetragen und unter dem Dach des Museu Nacional d'Art de Catalunya vereint. Ihre zeitlose Schönheit kommt in 29 Sektionen wirkungsvoll zur Geltung: Die atmosphärischen Räumlichkeiten geben die Struktur der Kapellen, denen die Fresken entstammen, im Maßstab 1:1 wieder; Lagepläne erläutern die Fundorte. Staunen rufen u.a. das Apsisfresko der Kirche Santa Maria de Taüll mit dem Motiv »David und Goliath« und die Apsis von Sant Climent de Taüll (1123) mit dem riesenhaften »Pantokrator« (Christus als Weltherrscher) hervor.

Museu Arqueològic 7

Ebenfalls am Passeig de Santa Madrona ist weiter unterhalb in einem ehemaligen Palast das Museu Arqueològic zu besichtigen. Es konserviert in vor Kurzem renovierten Räumen Relikte der prähistorischen, iberischen, phönizischen, karthagischen, griechischen, römischen und westgotischen Kultur. Erhellend sind vor allem die Funde aus der griechischen, später römischen Siedlung Empúries bei L'Escala an der Costa Brava, unter ihnen die berühmte Statue des Gottes der Heilkunde Asklepios (www.mac.es, Di–Sa 9.30–19, So, Fei 10 bis 14.30 Uhr).

Jardins Amargòs

Anschließend geht es bergauf und durch die für ihre Rosenzucht bekannten Jardins Amargòs. Am Rand der Gartenanlage liegt das **Teatre Grec** 8. Das Amphitheater, 1929 nach antikem Vorbild mit aufsteigenden Sitzreihen in den Hang gefügt, besitzt eine hervorragende Akustik.

**Fundació Joan Miró 9

Vom Theater führt eine Treppe zu der an der Plaça Neptú gelegenen Fundació Joan Miró, einem luftigen Gebäudeensemble, das der Katalane und Miró-Freund Josep Lluís Sert entwarf und 1988 von Jaume Freixa erweitert wurde.

Der Barceloneser Joan Miró (1893–1983) hinterließ, obwohl er den größten Teil seines Lebens in Tarragona und auf Mallorca

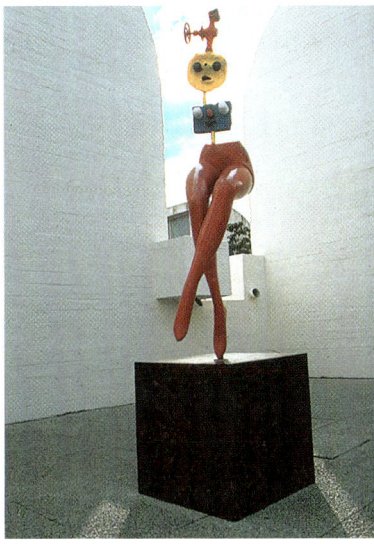

Skulptur von Joan Miró in der Fundació Miró

verbrachte, in seiner Heimatstadt viele Spuren, so z.B. die Skulptur »Dona i Oçell« im Miró-Park ❯ S. 102, die Keramikwände am Flughafen und das Bodenmosaik auf den Rambles ❯ S. 54 und 71.

Miró selbst und sein Freund Joan Prats riefen 1971 die Fundació, die Stiftung, ins Leben, und vier Jahre später öffneten Museum und Studienzentrum die Tore. **Die lichtdurchfluteten Räume bieten einen effektvollen Rahmen** für die mehr als 200 Gemälde und Skulpturen sowie gut 5000 Zeichnungen aus allen Schaffensperioden des Meisters. Daneben gibt es Sonderausstellungen zeitgenössischer Kunst (www.fundaciomiro-bcn.org, Okt.–Juni Di–Sa 10–19, Juli–Sept. 10–20, Do 10 bis 21.30, So, Fei 10–14.30 Uhr.

Gute Aussichten in und auf Barcelona

■ **Transbordador Aéri ›** S. 114. Die Seilbahn von Barceloneta zum Montjuïc wurde 1929 zur Weltausstellung eröffnet und bietet aus der 19-Personen-Kabine kaum zu überbietende Ausblicke über Stadt und Hafen (im Sommer tgl. 10.30–20, im Winter 12–17.30 Uhr, einfache Fahrt 9 €).

■ **Casa Milà ›** S. 122 und *Casa Batlló ›* S. 120. Von den Dächern der beiden Gaudí-Bauten hat man einen wunderbaren Blick auf die prachtvollen Straßen der Eixample.

■ **Sagrada Família ›** S. 124. Fast beängstigend tief ist der Blick hinunter vom begehbaren Turm der Kirche, doch die Aussicht in die Ferne entschädigt für das mulmige Gefühl.

■ **Montjuïc ›** S. 113. Der schönste Mirador auf Barcelonas Hausberg heißt Miramar und ist am schnellsten erreichbar per Zahnradbahn (Funicular ab Ⓜ Paral.lel) und anschließender Seilbahn (Teleférico).

■ **Tibidabo ›** S. 129. Auf Barcelonas zweiten Hausberg mit Vergnügungspark geht es spektakulär per ratternder Tramvia Blau und Zahnradbahn. Bei ganz klarer Sicht, heißt es, könne man die Balearen erahnen.

■ **Torre de Collserola ›** S. 58. Zehn Minuten zu Fuß vom Tibidabo steht Sir Norman Fosters 288 m hoher Telekommunikationsturm von 1992. Die Sicht von der verglasten Panoramaebene ist atemberaubend.

■ **BCN Skytour:** Das höchste der Gefühle? Für 80 € p.P. kann man sich per Helikopter über die Stadt fliegen lassen (www.cathelicopters.com).

*Olympischer Ring

Bei der Plaça Neptù empfiehlt sich der kleine Umweg über die Avinguda de l'Estadi hinauf zu den eindrucksvollen Sportanlagen des Olympischen Rings (Anella Olímpica). Das 60 000 Zuschauer fassende **Estadi Olímpic** (Olympiastadion), in dem die großen Eröffnungs- und Abschlussveranstaltungen der XXV. Olympischen Sommerspiele 1992 stattfanden, entstand durch den radikalen Umbau des zur Weltausstellung 1929 errichteten Stadions. Vom Vorgängerbau blieb lediglich die Hauptfassade stehen (tgl. 10–18, im Sommer bis 20 Uhr).

Der Japaner Arata Isozaki entwarf den futuristischen **Palau Sant Jordi,** mit 17 000 Plätzen eine der größten Sporthallen der Welt, im Volksmund als »Schildkröte« bezeichnet. Das **Olympische Schwimmstadion Bernat Picornell** entstand durch die Erweiterung und Renovierung eines Schwimmbads aus dem Jahr 1970, die benachbarte Halle des Sportinstituts INEFC als Neubau des katalanischen Architekten Ricard Bofill. Das wohl markanteste Bauwerk ist die an ein Ensemble aus Pfeil und Bogen erinnernde Torre Telefónica, ein Geniestreich des Stararchitekten Santiago Calatrava aus València › S. 58.

Wer die sportiven Höhepunkte der Olympischen Spiele 1992 noch einmal Revue passieren lassen will, kann dies in der ständigen Ausstellung der **Galeria Olímpica** am Südtor des Olympiastadions tun (www.fundacio

Der Palau Albéniz in den Anlagen der Jardins de Joan Maragall

barcelonaolimpica.es, Di–Sa 10 bis 13, 16–18, im Sommer bis 20, So, Fei 10–14 Uhr).

Rund um die Sportstätten erstrecken sich weitläufige ***Gartenanlagen.** Unterhalb des Stadions liegt zur Stadt hin der Park **Jardins de Joan Maragall.** Vor allem die Bäume begeistern in diesem Bereich des Montjuïc. In dem fast hundert Jahre alten Pflanzenparadies versteckt sich der **Palau Albéniz** 🔟. Der kleine Palast ist nach dem berühmten, in Girona gebürtigen Komponisten und Pianisten Isaac Albéniz (1860–1909) benannt und dient der Stadt als Gästehaus.

An der Südseite des Montjuïc wurde im Jahr 1999 ein ausgedehnter **Botanischer Garten** nach geografischen Bereichen angelegt. Sein Schwerpunkt sind semiaride Vegetationszonen, sodass **auch Pflanzen aus Australien und Südafrika vertreten** sind (Eingang C. Doctor Foni i Quer, April–Juni und Sept., Okt. 10–17, Juli, Aug. und Nov.–März 10 bis 15 Uhr, Eintritt 3 €).

Auf den Gipfel des Montjuïc

Nach dem Ausflug ins olympische Barcelona geht es zurück zur Fundació Miró und von dort weiter zur Plaça Dante. Dort befindet sich die mit einem kleinen Restaurant ausgestattete Bergstation **Miramar,** die auch von der Zahnradbahn (Funicular) ab Ⓜ Paral. lel angefahren wird. Das 2006

Die Gondelbahn Transbordador
Aéri verbindet das Viertel Barceloneta mit dem Montjuïc

wiedereröffnete **Luxushotel Miramar** entstand schon zur Weltausstellung 1929 und wurde nach
Plänen von Oscar Tusquets um-
gestaltet (www.hotelacmiramar.
com).

Um noch höher hinauf zu gelangen, kann man die Seilbahn
zur Festung am Gipfel des Montjuïc nehmen oder zu Fuß gehen.
Das **Castell de Montjuïc** 🔢
(1640), weckt bei den Einheimischen keine guten Erinnerungen,
denn hier wurden Anfang des
18. Jhs. nach dem Sieg des Bour-
bonen Felipe V ❯ S. 50 zahlreiche

Katalanen eingekerkert sowie im
Bürgerkrieg Republikaner hinge-
richtet (Di–So 9.30–19.30 Uhr).

Abstieg zum Hafen

Beim Abstieg auf der Carretera de
Montjuïc kommt man, vorbei am
Sardana-Denkmal des katalanischen Künstlers Josep Canyas, zur
Aussichtsplattform **Mirador de
l'Alcald**. Dort hat man eine großartige Sicht auf den Hafen und
abermals die Wahl zwischen Wandern und Schweben.

Entscheidet man sich für den
Abstieg zu Fuß, folgt man einem
der zahlreiche Pfade, die sich
durch die frei zugänglichen, kak-
teenreichen **Jardins de Mossèn
Costa i Llobera** an der windge-
schützten Südostflanke des Montjuïc schlängeln. Der Namensgeber
des Parks war einer der bekann-
testen katalanischen Schriftsteller
des 19. Jhs.

Wer des Gehens müde und ei-
nigermaßen frei von Höhenangst
ist, kann den ***Transbordador
Aéri** besteigen. Die Gondelbahn
saust auf der über 1300 m langen
Strecke **in über 100 m Höhe über
den Hafen** hinweg zur Talstation
im Stadtteil Barceloneta. Umge-
lenkt werden die Kabinen an den
Türmen »Jaume I« (107 m) und
»Sant Sebastià« (85 m), zwei prägnanten Akzenten im Hafenbild.

Als Ausklang bietet sich ein
Strandspaziergang in ***La Barceloneta** ❯ S. 99 an.

Die Schlangenbank im Parc Güell,
von der aus man einen großartigen Blick auf die Eixample hat

Die Eixample

Nicht verpassen!

- Gaudí aufs Dach steigen – in der Casa Milà, der Casa Batlló und auf der Sagrada Família
- Antoni Tàpies' abstrakten Expressionismus kennen und schätzen lernen
- In den Edelboutiquen und Designershops am Passeig de Gràcia einkaufen
- Durch Gaudís Paradiesgarten Parc Güell schlendern

Zur Orientierung

Ildefons Cerdàs' auf dem Reißbrett konstruierte Neustadt ist
von jeher Barcelonas gute Stube.
Breite Boulevards zum Flanieren,
Einkaufen, Sehen und Gesehen
werden, schicke Galerien und
Nachtclubs, repräsentative Büros
und Wohnungen – in der Eixample fühlte und fühlt sich das katalanische Großbürgertum in seinem
Element. Zum exklusiven Flair
tragen insbesondere auch die ar-
chitektonischen Perlen aus der
Blüte des Modernisme und Barcelonas Gründerzeit bei.

Für Fußgänger ist die Eixample
anfangs kein ganz einfaches Terrain; die einzelnen Häuserblocks
sind riesig, Grünflächen gibt es
kaum, und die eindrucksvollen
Fassaden und breiten Kreuzungen
ähnlen einander stark – man hat
wenig Anhaltspunkte, um sich zu
orientieren. Am besten vergegen-
wärtigt man sich die Struktur der
nicht mehr ganz so neuen Neustadt auf dem Stadtplan: Östlich
des Passeig de Gràcia erstreckt
sich die *Dreta* (rechts), wo die
meisten Sehenswürdigkeiten und
Nobelgeschäfte liegen. Die westli-
che *Esquerra* (links), die ruhigere
Wohngegend, geht fließend in die
Viertel Sants und Les Corts über.
Quer durch die Stadt, von Pedralbes bis an Meer, reicht die Avinguda Diagonal, eine der meistbe-
fahrenen Straßen Barcelonas.

Es ist also ein wenig Durchhal-
tevermögen gefragt beim Pflaster-
treten in den Alleen der Eixample;
man wird aber reich belohnt mit
dem besonderen urbanen Charakter des Vorzeigeviertels.

Eigentlich ein Muss ist ein Abstecher zu Gaudís Parc Güell.

Aufgrund des Drahtgeflechts gleich zu erkennen: die Stiftung Tàpies

Tour durch die Eixample

Streifzug durch die Eixample

— ➎ — Plaça de Catalunya ›
**Mançana de la Discòrdia ›
Fundació Antoni Tàpies ›
***Casa Milà › *Casa Asia ›
Casa Terrades › Casa Thomàs
› ***Sagrada Família › Hospital de la Santa Creu i de Sant Pau › **Parc Güell

Dauer: 1 Tag
Praktische Hinweise: Ausgangspunkt des Spaziergangs ist die Plaça de Catalunya (Ⓜ Catalunya). Von hier aus kann man die meisten Sehenswürdigkeiten der Eixample zu Fuß erreichen; aufgrund der Weitläufigkeit des Viertels empfiehlt sich jedoch die Nutzung des Bus Turístic (rote Linie), auf dessen Route auch der Parc Güell liegt. Vom Parc Güell ins Zentrum gelangt man auch mit der Metro (ab Ⓜ Lesseps).

*Passeig de Gràcia

Die Tour beginnt an der Plaça de Catalunya. Schräg gegenüber den Rambles, im Nordwesten des Platzes, öffnet sich der Passeig de Gràcia, die Nobelmeile der Stadt. Hier, mitten im Quadrat d'Or, dem »goldenen Quadrat« zwischen Carrer d'Aribau, Passeig de Sant Joan, Avinguda Diagonal

und den Rondas der Altstadt, entstanden die schönsten Bürgerpaläste Barcelonas.

Ein besonderes Schmuckstück, gleich das erste Haus auf der rechten Seite der Prachtstraße, an den schwarzen Türmen zu erkennen, sind die **Cases Pons i Pasqual** (Hausnr. 2–4). Enric Sagnier i Villavecchia entwarf das Bürgerpalais, das heute Renommieradresse einer Bank, einer Versi-

Von der Landstraße zur Nobelmeile

Noch zu Beginn des 19. Jhs. war der 60 m breite, 1,2 km lange Passeig de Gràcia eine kaum befestigte Landstraße, die den mittelalterlichen Stadtkern mit dem Dorf Gràcia › S. 127 verband. 1827 wurde sie fünfspurig ausgebaut, ab 1861 gab es dort regelmäßigen Kutschenverkehr.

Dass die Landstraße zur weltstädtischen Avenue avancierte, verdankt sie dem Stadtplaner Ildefons Cerdà, der sie zur Hauptachse der Eixample (Erweiterung) bestimmte › S. 54 und 108. Wie von Cerdà vorgesehen, umgaben zunächst zwei- bis dreigeschossige Wohnhäuser den Passeig de Gràcia. Zum Prunkboulevard entwickelte er sich um die Jahrhundertwende, als die Gebäude aufgestockt wurden und Banken und Versicherungen einzogen.

cherung, eines Reisebüros und einer Fast-Food-Kette ist.

Der nächste Komplex, die **Cases Antoni Rocamora** von J. Bassegoda i Amigó (Hausnr. 6–14), befindet sich in Besitz eines alteingesessenen Bekleidungsgeschäfts. Schräg gegenüber, bei Hausnr. 21 an der Ecke zur Gran Vía de les Corts Catalanes, überragt ein Bau mit mächtiger Kuppel, auf der ein Fabelwesen thront, die Nachbarschaft. Er wurde 1864 in eigenwilliger klassizistischer Manier erstellt. Auf der linken Seite des Passeig kommt man an der von Joaquim Codina i Matalí erbauten **Casa Manuel Margari-**

da (Hausnr. 27) vorbei zum Carrer de Consell de Cent.

La Orotava

Consell de Cent 335

Tel. 934 87 73 74

Ⓜ Passeig de Gràcia

Katalanische Küche in elegantem Rahmen. ●●

****Mançana de la Discòrdia** ❶

Bei dieser Kreuzung beginnt ein **äußerst originelles Häuserensemble** (Hausnr. 35–43), das auf wenigen Metern stilistisch ganz unterschiedliche Meisterwerke

des Modernisme vereint. Im Volksmund wird es halb liebevoll, halb spöttisch *Mançana de la Discòrdia,* »Block der Zwietracht« genannt.

*Casa Lleó Morera

Direkt an der Ecke findet man als Auftakt die Casa Lleó Morera (Hausnr. 35) von 1905. Ihre Fassade zeigt Domènech i Montaners eher konventionelle Handschrift: Die Architekturelemente ordnen sich symmetrisch beiderseits einer Hauptachse, über die sich eine filigrane Kuppel spannt; die Außenwand ist glatt bis auf die mit Säulen reich verzierten Fensterfronten. Domènech i Montaner war ein Meister der ausgewogenen Komposition, innen aber ließ er seiner Fantasie freien Lauf. ==Jedes Detail, bis hin zum Türgriff, ist ein individualistisches Objekt.== Die farbigen Decken, Holzintarsien und Keramiken zeugen von einer impulsiven Kreativität (Führungen Mo–Sa 10 bis 19 Uhr zu jeder vollen Stunde).

Casa Lléo Morera am Passeig de Gràcia

Casa Mulleras

Enric Sagnier i Villavecchia (1858 bis 1931) schuf – neben zahlreichen anderen Eixample-Häusern – 1904 die angrenzende **Casa Ramon Mulleras** (Hausnr. 37). Auffällig sind an dem unscheinbarsten Bau im »Block der Zwietracht«, die durch Rundbögen und Doppelsäulen betonten Erker; ansonsten hält er sich an die Neogotikbewegung der Jahrhundertwende.

Wer seine Nase in das Haus steckt, dem tut sich ein Duftpara-

dies auf: Das **Museu del Perfum** entführt mit seiner Kollektion von Flakons und anderen Kosmetikutensilien aus vielen Jahrtausenden in die historischen Welten des Parfüms. Man glaubt, sie zu schnuppern, die Düfte Arabiens, der alten Ägypter und anderer Völker (www.museudelperfum. com, Mo–Fr 10.30–13.30, 16.30 bis 20, Sa 10.30–13.30 Uhr).

Casa Amatller

Die Casa Amatller (Hausnr. 41) aus dem Jahr 1900 belegt die Neigung des Architekten Puig i Cadafalch zum Eklektizismus. ==Seine Handschrift vereint die unterschiedlichsten Stile:== Erker und Fenster des Hauses sind

Ein Teil der berühmten Mançana de la Discòrdia ist die Casa Amatller von Puig i Cadafalch

gotisch inspiriert, die schmiedeeisernen Balkone muten italienisch an, die Front ist in bester katalanischer Tradition gekachelt, der krönende Treppengiebel hat flämische Vorbilder. Innen empfangen eine hofähnliche, von Säulen getragene Eingangshalle und ein Treppenhaus mit einer prachtvollen Kuppel aus Buntglas. Cadafalch war wohl der intellektuellste und am wenigsten auf äußere Effekte bedachte große Baumeister des Modernisme (Mo–Sa 10–19, So 10–14 Uhr).

**Casa Batlló

Die Casa Batlló (Hausnr. 43), die vierte im Quartett des »Blocks der Zwietracht«, ist ein Umbau, mit dem der Textilfabrikant Batlló 1904 Antoni Gaudí beauftragte. **Wie viele Bauten Gaudís erzählt auch dieser eine Geschichte,** hier die Legende des Drachentöters und katalanischen Nationalheiligen Sant Jordi (hl. Georg). Das Kreuz des Heiligen steckt im Rücken des Drachen auf dem »schuppigen« Keramikdach; darunter stapeln sich, verkörpert an Balkonen, Erkern und Erdgeschoss, die Knochen und Gerippe von Opfern des Ungeheuers. Die Casa offenbart Gaudís grenzenloses Faible für Formen der Natur. Alles an ihr ist rund, geschwungen, fließend; nur die Fenster der Obergeschosse sind viereckig, erscheinen durch die Balkone aber wie starr blickende Augen. Die Außenwand – ein buntes Mosaik aus Keramikbruch – vermittelt mediterrane Farbigkeit.

Ein Glanzstück der von Gaudí ebenfalls komplett entworfenen Innenausstattung ist das Treppenhaus: Den nach unten abnehmenden Lichteinfall kompensierte der Meister, indem er die Blautöne der Kacheln stark aufhellte. (www. casabatllo.es, tgl. 9–20 Uhr).

Fundació Antoni Tàpies **2**

Spaziert man hinter der Casa Batlló links in den Carrer d'Aragó, springt einem nach wenigen Metern das wirre Gespinst aus Stahldraht auf dem Dach des Hauses Nr. 255 ins Auge. »Wolke und Stuhl« heißt die Skulptur, die ein Erkennungsmerkmal der Fundació Antoni Tàpies geworden ist.

Für den Künstler aus Barcelona ist Malen ein meditativer Akt, bei dem er sich durch Verwendung schnell härtender Materialien unter kreativen Druck setzt. Inspiriert wird sein Schaffen von den Mauern seiner Heimatstadt: Symbole der Abschottung, beschmiert mit Graffiti und Bürgerkriegsparolen, zernarbt von Einschusslöchern und Rissen. Über das Werk dieses Vertreters des Informel oder abstrakten Expressionismus lässt sich brillant streiten: Für die einen ist Tàpies ein begnadeter Fabulierer, der Emotionen durch einfache Zeichen zum Klingen bringt, für die anderen ist der Autodidakt ein Abstrakter , der permanent in Rätseln spricht. Mit Sand, geriebenem Marmor, Lack, Holz, Öl, Schamotterde und geätztem Kupfer erzielt er die dreidimensionale Wirkung seiner großformatigen Leinwände.

Seit 1990 residiert die Stiftung im ehemaligen Verlagshaus Montaner i Simón, einem schnörkellosen, 1881–1886 entstandenen Bau von Domènech i Montaner. Die 1984 von Antoni Tàpies (geb. 1923) selbst ins Leben gerufene Stiftung hat sich die Förderung moderner Kunst zur Aufgabe gemacht. Im oberen Stock befindet sich die Privatbibliothek des Malers und Bildhauers, im Eingangsbereich führt eine kleine Buchhandlung Literatur über Leben und Werk des Künstlers, in der früheren Druckerei sind Tàpies' Arbeiten. Im Keller kann man wechselnde Exponate anschauen (www.fundaciotapies.org, Di–So 10–20 Uhr).

Best of Gaudí

- **Templo de la Sagrada Família** › S. 124. Das Wahrzeichen Barcelonas schlechthin – ein architektonisches Unikum.
- **Casa Milà** › S. 122. Einst als La Pedrera (Steinbruch) geschmäht, heute ein Besuchermagnet. Besichtigen kann man eine modernistische »Musterwohnung« und das spektakuläre Dach des Hauses.
- **Casa Batlló** › S. 120. Ein Bürgerpalais als Märchenschloss; über dem begehbaren Dach thront ein Drache.
- **Parc Güell** › S. 126. Organische Formen, Fabelwesen und fantasievolle Gartenlandschaften.
- **Palau Güell** › S. 73. Eines der Frühwerke des Meisters, mitten in der Altstadt gelegen.
- **Casa Vicens** › S. 127. Gaudís erstes komplettes Haus, vergleichsweise konventionell, aber doch schon mit erkennbarer eigener Handschrift.
- **Plaça Reial** › S. 74. Gaudís gusseiserne Lampen verleihen dem hübschen Platz eine ganz eigene Atmosphäre.

Das aufsehenerregendste Gebäude der Nobelmeile ist Gaudís Casa Milà

Verschiedene weitere Jugendstilhäuser

Wieder auf dem Passeig de Gràcia zurück und auf der rechten Seite nach Westen bummelnd, passiert man am Schnittpunkt mit dem Carrer de València die von Manuel Comas i Thos 1905 erbaute **Casa Marfà** (Hausnr. 66) mit neogotischen Elementen. Vor dem Haus Nr. 68, dem Nobelhotel **Majestic** (www.hotelmajestic.es) wartet bei jedem Wetter geduldig ein Page, um die Reichen und Schönen zu empfangen. Einen näheren Blick verdient auch die **Casa Joan Coma** (Hausnr. 74) von Enric Sagnier i Villavecchia.

Patio – die Chance, sich in einem typischen Eixamplehof umzuschauen (Mo–Sa 10–14, 16–20 Uhr).

10 ***Casa Milà** ❸

An der Kreuzung mit dem Carrer de Provença trifft man auf das imposanteste Bauwerk am Passeig de Gràcia, Gaudís Casa Milà (Hausnr. 92). Das 1906–1910 errichtete Mietshaus war schon kurz nach seiner Fertigstellung stadtweit unter dem Spitznamen La Pedrera (Steinbruch) bekannt. Obwohl man in der Eixample unkonventionelle Architekur ja bereits gewohnt war, ließen seine Wucht und Originalität den Eckblock wie einen Fremdkörper erscheinen. Das wellenförmige Dach mit den zu Fabelwesen mutierten Belüftungsschlitzen, die Beton-Eisen-Konstruktion ohne tragende Wände und Stützmauern, zwei Innenhöfe, einer rund, einer elliptisch, dazu die vielen Balkone vor runden Fenstern – all das verstieß gegen den guten Geschmack. Heute hat man Gaudís Pionierarbeit hinsichtlich der Wohnqualität erkannt: Die natürliche Belüftung macht Klimaanlagen überflüssig, jede Wohnung lässt sich durch Stellwände individuell verändern, die Flure sind lichtdurchflutet und selbst die Tiefgarage war für Antoni Gaudí schon eine Selbstverständlichkeit.

Carrer de Provença

Bei der Casa Milà verlässt man den Passeig de Gràcia und setzt die Stadtwanderung ostwärts auf dem Carrer de Provença fort. Man sollte auf die **Casa Josep Ferrer-Vidal** 4 des Architekten Enric Sagnier i Villavecchia (Hausnr. 267) und die **Casa Pilar Bassols** 5 von Gabriel Borrell i Cardona (Hausnr. 301) achten. Beide sind leider nur von außen zu bewundern.

*Casa Asia 6

Einblicke in sein Innenleben öffnet der **Palau Baró de Quadras** in der Avinguda Diagonal Nr. 373. Das von Puig i Cadafalch 1904 bis 1906 entworfene Palais ist Sitz des asiatiaschen Kulturzentrums. Hinter dem schweren Eisenportal tut sich eine ungeahnte Dekorationsvielfalt auf: Neogotische, pseudomaurische und platereske, von der spanischen Spätgotik und italienischen Frührenaissance stimulierte Ornamente überziehen Decken und Wände. Interessant ist der Besuch des Kulturzentrums

aber nicht allein wegen der schönen Räume, sondern auch wegen der sehenswerten Wechselausstellungen (www.casaasia.es, Di–Sa 10–20, So bis 14 Uhr; das bis 2006 hier ansässige Musikmuseum ist nun im **L'Auditori** › S. 40 untergebracht).

L'Auditori › S. 40

Restaurant

Mordisco
Roselló 265
Tel. 932 18 33 14
Ⓜ Diagonal
Sehr leckere Edel-Tapas; angesagt, aber nicht gerade billig. ●●

Casa Terrades 7

Ehe man die breite Avinguda Diagonal überquert und damit die rechte Eixample-Hälfte *La Dreta* verlässt, kann man weitere exzellente Modernisme-Bauten besichtigen, etwa die Casa Terrades, die am Schnittpunkt von Diagonal und Carrer del Bruc aufragt. Der Architekt Josep Puig i Cadafalch errichtete 1903–1905 auf drei Nachbarparzellen der Schwestern Terrades diesen nach der Casa Milà größten Jugendstilbau der Stadt. Mit seinen spitzen Türmchen, die ihm den Beinamen Casa de les Punxes (Haus der Nägel) eingetragen haben, wirkt der Komplex – ein Backsteinbau auf einem Sockel aus Naturstein – wie eine ironische Interpretation der katalanischen Gotik.

Am Abend

Ganz in der Nähe befinden sich zwei sehr beliebte Anlaufstellen für Nachtschwärmer. In The Music Box Diagonal

(**Diagonal 618**) und im Cocodrilo Club (**Bori i Fontestà 25**) groovt man zum Sound der 1970er- und 1980er-Jahre.

Casa Thomàs

Biegt man rechts in den Carrer del Bruc und abermals rechts in den Carrer de Mallorca ein, beeindruckt nach wenigen Metern die Casa Thomàs (Nr. 291–293). Balkone und Turmaufbau wurden dem von Domènech i Montaner 1895–1898 zweigeschossig erbauten Haus nachträglich angefügt.

Weiter auf dem Weg stößt man an der Kreuzung des Carrer Roger de Llúria rechts auf den pompejanisch anmutenden **Palau Casades** und links den **Palau de Montaner Spalier,** ein weiteres Werk von Domènech i Montaner.

Shopping

Südöstlich des Carrer de Mallorca schuf Rovira i Trias den Mercat de la Concepció **9**. Wer einen Blumenstrauß braucht, wird in den Läden des Markts garantiert fündig.

Casa Macaya **10**

Spaziert man auf dem Carrer de Mallorca nach Osten und wendet sich bei der Avinguda Diagonal links in den Passeig de Sant Joan, sieht man nach wenigen Schritten auf der rechten Straßenseite die Casa Macaya (Hausnr. 108). Die rührige Caixa de Catalunya veranstaltet regelmäßig Kunstausstellungen in der Jugendstilvilla (1901) von Puig i Cadafalch, in deren Innern die üppige, in den Wandputz geritzte Blumendekor des maurisch inspirierten Trep-

penhauses besticht. Eusebi Arnau gestaltete die Türrahmen (Mo–Sa 11–20, So, Fei 11–15 Uhr).

***Sagrada Família **11**

Weiter auf dem Carrer Mallorca steht man nach einigen wenigen Minuten vor Barcelonas Wahrzeichen schlechthin, dem grandiosen Templo de la Sagrada Família. Gaudís »Tempel der Heiligen Familie« erhebt sich in einem Park mit See und Kinderspielplatz an der **Plaça de la Sagrada Família.** Nachdem Gaudí 1910 seinen letzten Profanbau, die Casa Milà ❯ S. 122, fertiggestellt hatte, widmete er sich bis zu seinem Tod 1926 ausschließlich dem Bau dieser Kathedrale. Eine Basilika für die Armen sollte sie nach seinen Worten werden.

Ursprünglich war Francisco del Villar mit dem Bau beauftragt, dessen Entwurf eine traditionelle Kathedrale nach neogotischem Modell vorsah, doch als Villar schon bald wegen Streitigkeiten die Arbeit niederlegte, übernahm Gaudí 1883 die Bauleitung. Er musste den vorgebenenen Grundriss akzeptieren und vollendete zunächst in Villars Stil die begonnene **Krypta,** in der man heute sein Grab findet.

Dann machte er sich an die Realisierung seiner Pläne für die oberirdischen Bauteile: die 110 x 45 m weite Basilika sollte 15 000 (!) Menschen fassen und 18 Türme haben – als Symbole der zwölf Apostel, der vier Evangelisten und der Muttergottes, überragt vom

Wegweiser ins 21. Jh.: Gaudís noch immer unvollendetes Meisterwerk
Sagrada Família, deren zahlreiche Details kaum zu erfassen sind

zentralen, 170 m hohen Turm als Sinnbild der Größe Christi. Genial löste Gaudí das Problem, die Turmkonstruktion über dem viereckigen Grundaufbau der Basilika rund fortführen zu können. Als Bildprogramme der Fassaden bestimmte er für das Ostportal die Geburt und für das Westportal den Leidensweg Christi; auf dem Hauptportal ist Christus als Weltherrscher dargestellt.

Gaudí konnte bis zu seinem Tod nur den 105 m hohen, dem hl. Barnabas (Bernabeu) gewidmeten Turm über dem Ostportal vollenden. Sein Mitarbeiter Sugrañes stellte bis 1935 die **Ostfas**sade im Sinne des Meisters fertig; welch handwerkliche Mühe dieses filigrane Gebilde erforderte, wird nur durch ein Fernglas erkennbar. Für die **Westfassade** hinterließ Gaudí konkrete Pläne, nach denen man sich beim Weiterbau ab 1952 aber wenig richtete.

Doch vor allem die 1976 mit Spendengeldern fertiggestellte Portalfront mit den wuchtigen Skulpturen von Josep Maria Subirach ist für viele ein Stein des Anstoßes. Es mehren sich Plädoyers, die Kirche in ihrem Zustand zu belassen: als unverfälschtes Denkmal, das der Maestro sich selbst gesetzt hat.

Das Jugendstil-Krankenhaus
Hospital de la Santa Creu i de Sant
Pau zählt zum Weltkulturerbe

Zu Füßen der Sagrada Família liefert ein **kleines Museum** wertvolle Hintergrundinformationen. Hier werden Skizzen und Modelle gezeigt, auch der Kirche in Santa Coloma de Cervelló, bei deren Bau Gaudí Erfahrungen für die Sagrada Família sammelte (www.sagradafamilia.org, tgl. 9–18, Hauptsaison bis 20 Uhr).

Hospital de la Santa Creu i de Sant Pau

Von der Sagrada Família führt die von dem Architekten Quintana neu gestaltete, mit schmiedeeisernen Laternen und Skulpturen verschönte **Avinguda de Gaudí** zum Hospital de la Santa Creu i de Sant Pau. Domènech i Montaner errichtete 1902–1912 dieses Krankenhaus. Er vollbrachte das Meisterstück, technisch höchstem medizinischen Standard gerecht zu werden und zugleich ein humanes, alles andere als steriles Ambiente zu schaffen. Großzügige Gärten umgeben solitäre, unterirdisch verbundene Pavillons, anmutige, maurisch inspirierte Türme verströmen farbenfrohe Heiterkeit. Die weitläufige, harmonische Anlage dient heute als Universitätsklinik (www.santpau. es, Führung nach Voranmeldung unter Tel. 932 56 25 04).

Abstecher zum **Parc Güell

In einem Abstecher erreicht man den Parc Güell. Fasziniert vom sozialreformerischen Modell englischer Gartenstädte, beauftragte Eusebi Güell i Bacigalupi Gaudí 1900 mit dem Bau einer Wohnsiedlung. Und der Baumeister machte sich auf dem ausersehenen Terrain, der Muntanya Pelada, einer Anhöhe im Westen von Gràcia, engagiert an die Arbeit. Doch schon bald dämpfte mangelndes Käuferinteresse Güells Überschwang, und bei Kriegsausbruch 1914 gab er das Projekt endgültig auf. Von den geplanten Häusern hatte Gaudí bis dahin zwar nur eines gebaut (heute Casa-Museu Gaudí), doch das Kernstück der Siedlung war vollendet: eine **Markthalle** mit reich verzierter Mosaikdecke, die auf 84 teils schrägen Säulen eine Zisterne überlagert. Zur Halle steigt eine mächtige Freitreppe auf, bewacht von einer bunten Riesenechse, die als Überlauf des Wasserreservoirs fungiert.

Das Dach der Markthalle wiederum sollte zugleich als Marktplatz dienen. Es ist gesäumt von einer ==wellenförmigen Umrandung von sehr eigenwilliger Schönheit,== der berühmten, ganz und gar mit Mosaiken aus Keramikscherben (Trencadis-Technik) verkleideten ****Schlangenbank.** Auf der Terrasse eröffnet sich eine faszinierende Sicht auf die Stadt.

Unverwechselbare Schöpfungen sind die zwei **Pavillons** beiderseits des Eingangs mit der bizarren, ==scheinbar im Schmelzen begriffenen Dachlandschaft.==

Im oberen Teil des Parc Güell kann man im ehemaligen Wohnhaus Gaudís, der **Casa-Museu Gaudí,** Möbel und Erinnerungsstücke des Künstlers besichtigen, darunter auch die Totenmaske (Museum: tgl. 10–18, im Sommer bis 20 Uhr; Park: Eingang Carrer Olot, tgl. 10–20 Uhr; Ⓜ Lesseps, von dort 15-minütiger Fußweg zum Parkeingang).

Gràcia: das Dorf in der Stadt

Gràcia – Independència, »Freiheit für Gràcia«, liest man noch an manchen Hauswänden des ehemaligen Dorfes, das 1897 von Barcelona eingemeindet wurde. Tatsächlich ist vieles ein wenig anders geblieben in diesem Außenbezirk der Stadt. Nördlich der Avinguda Diagonal weicht schon bald das Schachbrettmuster der breiten Eixample-Verkehrsadern einem chaotischen Geflecht kleiner und kleinster Straßen. Statt der mächtigen quadratischen Häuserblöcke erblickt man zweistöckige bunte Häuser mit Blumen vor Fenstern und Türen, vernimmt statt des monotonen Verkehrsgedröhns Vogelgezwitscher aus Käfigen und Stimmen von spielenden Kindern – fast wie irgendwo in der katalanischen Provinz.

An die verflossene kommunale Unabhängigkeit erinnert am alten Hauptplatz, der **Plaça Rius i Taulet,** das Rathaus mit dem schmucken Uhrenturm von Rovira i Trias. Namen von Straßen und Plätzen wie Plaça de la Revolució und Mercat de la Llibertat berichten von der revolutionären Euphorie gegen Ende des 19. Jhs.

Studenten, Künstler und Musiker erhalten auf ihre Weise Gràcias Ruf als Viertel der Freidenker am Leben; ihre nächtlichen Treffs um die **Plaça del Sol** sind schon längst keine Szene-Geheimtipps mehr. Gràcias architektonisches Juwel ist die im Carrer de les Carolines Nr. 18–24 versteckte **Casa Vicens** (1888), ein Frühwerk von Gaudí mit einer Azulejofassade. Die eigentliche Attraktion des Barri ist jedoch die angenehm gelassene Atmosphäre. Von seiner heitersten Seite zeigt es sich im August, wenn die turbulente **Festa Major** steigt. Dann findet sich nächtens halb Barcelona ein, und ein paar Tage lang könnte man glauben, das Dorf habe die Stadt eingemeindet …

127

Ausflüge

12 *Tibidabo 1

Die historische Tramvia Blau fährt
auf den Tibidabo hinauf

Dauer: ¾ Tag
Praktische Hinweise: Um
auf den Tibidabo zu gelangen,
nimmt man die FGC-Bahn
oder den Tibibús ab Plaça de
Catalunya bis zur Station Tibidabo. Dann geht man über die
Plaça John F. Kennedy, bei der
rechts die **Tramvia Blau** abfährt (Sa, So, Fei 9–21 Uhr, im
Sommer tgl. alle 30 Min.). Das
letzte Exemplar der »blauen
Straßenbahn« fährt zur Estació
Inferior, der Talstation der gut
hundert Jahre alten Zahnradbahn (Funicular), die ihre Pas-
sagiere nach wenigen Minuten
bei der Endstation Plaça Tibidabo absetzt.

Muntanya Màgica, »Zauberberg«,
so nennen die Barceloneser den
532 m hohen Tibidabo, Barcelonas zweiten Hausberg. Auf dem
Gipfel versteht man, weshalb hier
der Teufel Jesus mit den Worten
versucht haben soll: »Dies alles
werde ich dir geben [tibi dabo],
wenn du mich anbetest.« Dabei
zeigte er auf die weite Tiefebene
zwischen den Flüssen Llobregat
und Besòs, auf die man auch heute noch eine überwältigende Aussicht hat: Zu Füßen liegt das Häusermeer der Metropole, im Osten
das Mittelmeer, im Süden der
Montjuïc. An besonders klaren
Tagen kann man – so sagt man –
sogar die Umrisse der Insel
Mallorca ausmachen.

Der Tibidabo ist das beliebteste
Ausflugsziel der Stadtbewohner.
Vor allem am Wochenende steu-
ern Familien einen der Picknick-
plätze am Hang oder den Gipfel
an, wo sich inzwischen eine Vielzahl von Lokalen sowie die Fahrgeschäfte des **Parc d'Atraccions**
❯ S. 22 breit gemacht haben.

Am höchsten Punkt des Tibidabo thront die kitschig-monu-
mentale, für Trauungen überaus
beliebte Kirche **El Sagrat Cor de
Jesús.** Spenden finanzierten den
Bau, mit dem Enric Sagnier i Villavecchia kurz nach der Jahrhundertwende begann, den aber erst
sein Sohn im Jahr 1952 vollendete. Auf dem Sockel, einem neo-
romanischen Kirchenraum mit
überreich verziertem Portal, erhebt sich ein neogotischer Auf-
bau. In 67 m Höhe steht auf der
Kuppel des mittleren Kirchturms
eine 7,5 m hohe, 4,8 t schwere
Christusfigur aus Bronze, die mit
ausgebreiteten Armen zum Meer
blickt.

**Montserrat 2

Barcelona › Montserrat

Dauer: 1 Tag
Praktische Hinweise: Anfahrt mit der Stadtbahn: FCG ab Plaça d'Espanya (Linie R-5 Richtung Manresa, Fahrtzeit ca. 1 Std.) zur Talstation des Funicular Aéri de Montserrat, von dort in 5 Min. per Seilbahn zum Kloster. Alternativ: Mit der Bahn bis Monistrol de Montserrat, dann per Zahnradbahn (Cremallera) in 20 Min. bis zum Kloster. Mit dem Mietwagen: Ab Barcelona die Autopista A 7 Richtung Martorell bis Ausfahrt Sant Vicenç de Castellet/Montserrat; hinter der Mautstelle links Richtung Monistrol, von dort über eine Serpentinenstraße ca. 8 km zur festungsartigen Klosteranlage hinauf (ab Barcelona gut 1 Std. Fahrzeit). Vom Kloster zur Serra de Montserrat gelangt man auf gut markierten Wanderwegen.

! Vor allem am Wochenende fallen Heerscharen von Gläubigen im Kloster ein. Wer sich der Stätte mit gebührender Muße widmen will, sollte unter der Woche herkommen und möglichst früh aufbrechen, um Vorsprung vor den Touristenmassen zu haben.

Kloster Montserrat

Das alte Kloster Montserrat 60 km nordwestlich von Barcelona ist das wichtigste Wallfahrtsziel Spaniens nach Santiago de Compostela. Schon im 5. Jh. siedelten sich Mönche am Montserrat (der Name bedeutet »zersägter Berg«) an, um in der Bergeinsamkeit zu beten und zu meditieren. 976 entstand der **Benediktinerkonvent**, der sich zu einem auch politisch bedeutenden Zentrum christlicher Gelehrsamkeit entwickelte und zu dem sogar Könige und Kaiser pilgerten.

1808 wurde das Kloster im Unabhängigkeitskrieg von napoleonischen Truppen weitgehend zerstört, insbesondere die kostbare Bibliothek. Erst 1858 kehrten die Mönche zurück und bauten es wieder auf. Von den alten Gebäuden sind lediglich das Portal der romanischen Kirche und Teile des gotischen Kreuzgangs erhalten.

Heute zählt die Ordensgemeinschaft noch etwa 80 Mönche, die vollauf damit beschäftigt sind, Besichtigungen zu organisieren und den Kräuterlikör »Aromes de Montserrat« zu vermarkten. Außerdem haben die Brüder die 200 000 Bände umfassende Bibliothek, eine Druckerei und eine Goldschmiedewerkstatt zu verwalten.

An der Plaça de Santa Maria im Zentrum der Klosteranlage befinden sich die Relikte des gotischen **Kreuzgangs** (1460) sowie das zweigeteilte **Museum:** Die frühe Abteilung am Nordrand des Platzes zeigt u.a. Keramiken und Münzen aus byzantinischer und römischer Zeit, die moderne Abteilung Werke von Pablo Picasso und katalanischen Malern des 19.

Das ehrwürdige Kloster Montserrat auf dem heiligen Berg Kataloniens

und 20. Jhs., darunter Ramon Casas, Isidre Nonell, Joaquim Mir und Santiago Rusiñol.

Durch einen Torbogen kommt man zur **Klosterkirche** (1560 bis 1592). Ein moderner Patio ist dem mehrfach intensiv renovierten Bau im Renaissancestil vorgelagert. Eine Tür an der rechten Seite des Innenhofs stellt eine Verbindung zum Seitenschiff her. Der Blickfang im Innern der Gnadenkapelle ist der Hochaltar mit der Jungfrau von Montserrat. Zahllose Pilger stehen oft stundenlang Schlange, um die Figur berühren zu können.

Der seit dem 13. Jh. bekannte Knabenchor des Klosters ist **einer der weltweit traditionsreichsten Chöre;** er singt in der Kirche täglich den »Virolai«, eine Hymne an die Jungfrau von Montserrat (13 und 18.45 Uhr).

La Moreneta

Einer Legende zufolge fand ein Eremit um 880 in der **Santa Cova,** der Heiligen Grotte, das wundertätige Gnadenbild der Schwarzen Madonna. Experten datieren das Alter der Statue jedoch auf das 12. oder 13. Jh. Kerzenruß hat das Olivenholz schwarz verfärbt, weshalb die Katalanen die Madonna liebevoll La Moreneta (die Dunkle), nennen. Papst Leo XIII. erklärte die Schwarze Madonna 1881 zur Schutzpatronin von Katalonien.

Die Serra de Montserrat

Erholungsbedürftigen sei unbedingt auch ein Ausflug in die Umgebung des monolithischen Bergstocks empfohlen – hier herrscht bei Weitem mehr Ruhe als in der viel besuchten Klosteranlage des Benediktinerordens. Die Serra de Montserrat mit dem **Turó de Sant Jeroni** (1236 m) als höchster Erhebung steht aufgrund ihrer Pflanzenvielfalt (über 1500 Arten) unter Naturschutz.

Einen aufschlussreichen ersten Eindruck von der Szenerie erhält man während eines knapp 45-minütigen Spaziergangs von der Plaça de la Creu (zwischen den Parkplätzen und dem Kloster gelegen) zur **Santa Cova.** Kapellen säumen den Weg, und nahe der Höhle, dem angeblichen Fundort der sogenannten Schwarzen Madonna › S. 131, birgt eine kleine Kirche eine Kopie der Statue. Zur Heiligen Grotte führt auch eine Standseilbahn, die unterhalb des Wegs abfährt.

Eine weitere Bahn hält oberhalb des **Camí de Sant Miquel;** von ihrer Endstation wandert man ca. 20 Minuten zur 1899 erbauten Kapelle der Einsiedelei **Ermita de Sant Joan.** Ein beschwerlicherer Marsch führt von der Bergstation auf den Gipfel des **Sant Jeroni** mit der gleichnamigen Kapelle; als bequeme Alternative bietet sich die 680 m lange Fahrt in der Schwebebahn an, die 3 km vom Kloster entfernt an der Landstraße nach Manresa abhebt. Wie auch immer man den Sant Jeromi stürmt: **Der Panoramablick, der das Kloster und die Umgebung einfängt,** ist umwerfend.

Karte
Seite 132

Sitges – ein Badeort mit Tradition
und Flair

Sitges 3

Barcelona › Sitges

Dauer: ½ Tag
Praktische Hinweise: Die Nah-
verkehrslinie C-2 ab Estació de
Sants fährt mindestens alle
20 Min. nach Sitges; die Anreise dauert maximal 40 Min. Ein
Mietwagen lohnt sich deshalb
kaum.

Nur 40 km von Barcelona entfernt
liegt Sitges (13 000 Einw.), einer
der ansprechendsten und beliebtesten Badeorte an der ansonsten
sehr verbauten Costa Dorada. Vor
dem Zweiten Weltkrieg und darüber hinaus bis in die 1950er-Jahre
hinein war das kleine Städtchen
bevorzugte Sommerresidenz vie-
ler wohlhabender Barceloneser,
die sich direkt an der Strandpromenade elegante Villen leisteten.
Kein Wunder, sind doch die fein-
sandigen, kilometerlangen Strände ideal zum Schwimmen und
Sonnenbaden.

Für schrille Akzente im Saison-
Rummel sorgt die internationale
Gay-Szene, die Sitges zu ihrem
sommerlichen Treff erkoren hat.
Die malerische Altstadt lässt sich
vom Tourismustrubel allerdings
kaum beeindrucken. Blickfang
der Landzunge ist die barocke,
von den Einheimischen La Punta
(die Spitze) titulierte Pfarrkirche
Sant Bartolomeu i Santa Tecla
aus dem 18. Jh.

Auf der Landspitze liegt auch
über schroff ins Meer stürzenden
Klippen das Museum ***Cau Fer-
rat.** Im wildromantischen »Eisen-
nest«, ehemals Wohnhaus und
Atelier des modernistischen Malers und Schriftstellers Santiago

Vilafranca del Penedès 4

Barcelona › Vilafranca del
Penedès › Sant Sadurní
d'Anoia

Dauer: ½ Tag
Praktische Hinweise: Die Anfahrt mit der Bahnlinie C-4 ab
Sants nach Vilafranca dauert
ca. 50 Min., in die Cava-Hoch-
burg Sant Sadurní 40 Min. Für
den Besuch der Weingüter, die
etwas außerhalb liegen und mit
öffentlichen Verkehrsmitteln
schlecht zu erreichen sind,
nimmt man sich am besten ab
Barcelona einen Mietwagen.

In vielen Weinkellereien in Vilafranca ist Probieren erlaubt

Rusiñol (1861–1931), sind außer
Arbeiten des früheren Besitzers
Bilder von El Greco, Picasso und
Utrillo zu sehen (Di–Sa 9.30–14,
16–18, im Sommer bis 20 Uhr).

Info

Oficina de Turisme
Sínia Morera s/n
Tel. 938 94 42 51][Fax 938 94 43 05
www.sitges.org

Hotel

Romàntic
Sant Isidre 33
Tel. 938 94 83 75][Fax 938 94 81 67
www.hotelromantic.com
Tolle Zimmer im Stil der guten alten
Zeit in drei strandnahen Villen. ●●

Restaurant

El Velero
Passeig de la Ribera 38
Tel. 938 94 20 51
Mediterrane Fischküche in sehr an-
sprechendem Restaurant. ●●

Der kleine Ort (27 000 Einw.), nur
20 km südwestlich von Barcelona
im Landesinnern gelegen und mit
dem Auto am besten via Sant Pere
de Ribes zu erreichen, ist die
unbestrittene Metropole des katalanischen Weinbaus. Die drei
traditionellen Rebsorten Maca-
beu, Xarel.lo und Parellada liefern
hochwertige Weißweine – was
man vor Ort selbst festellen kann,
denn in vielen Kellereien kann
man sich aus Porrones (Schnabel-
flaschen) den Wein aus dem Fass
in den Mund spritzen. In die Geschichte des Weinbaus in den
Bergen des Penedès führt das **Museu del Vi** an der Plaça Jaume I
ein. Die drei großen Weingüter
(› Info, S. 135) bieten nach Voranmeldung geführte Touren mit
anschließender Weinprobe an.
  13 km östlich von Vilafranca
produzieren im Ort Sant Sadurní

d'Anoia die Kellereien Freixenet und Codorníu ihren berühmten Cava › S. 28.

Info

■ **Torres**
Finca El Maset
Tel. 938 17 74 87
www.torres.es
■ **Jean León**
Pago Jean León
Torrelavit
Tel. 938 99 55 12
www.jeanleon.com
■ **Albet y Noya**
Sant Pau d'Ordal
Tel. 938 99 48 12
www.albetinoya.com

Figueres und Cadaqués

**Barcelona › Figueres ›
Cadaqués**

Dauer: 1 Tag
Praktische Hinweise: Mehrfach tgl. Bahnverbindungen nach Figueres von Barcelona-Sants (ca. 1 Std. 40 Min). Zwischen Figueres und Cadaqués gibt es Busverbindungen (ca. 50 Min; Informationen am Busbahnhof Figueres, Plaça del Estació 7, Tel. 972 67 33 54). Ein Mietwagen bietet sich für diese Tour an.

Figueres 5

Das knapp 140 km vom Zentrum Barcelonas entfernte Städtchen Figueres (40 000 Einw.) ist ein absolutes Muss für die große Fangemeinde surrealistischer Kunst. Salvador Dalí, der berühmteste Sohn der Stadt, baute hier nämlich das frühere Theater an der Plaça Gala-Salvador Dalí in typischer Manier zu einem ==wahren Dada-Tempel== aus. Dieser zieht heute als **Teatre-Museu Dalí** wahre Besuchermassen an (www.salvador-dali.org, Okt.–Juni Di bis So 10.30–17.15 Uhr, Juli–Sept. 9–20 Uhr, Eintritt 11 €).

Info

Oficina de Turisme
Plaça del Sol s/n
Tel. 972 50 31 55
www.figueresciutat.com

Cadaqués 6

==Eines der charmantesten Küstendorfer der gesamten Costa Brava== ist **Cadaqués** mit seinen faszinierenden kubischen weißen Häusern zwischen Strand und Steilküste. Anfang des 20. Jhs. galt Cadaqués als Künstlerkolonie: Pablo Picasso malte hier und Salvador Dalí besaß im Ortsteil Port Lligat eine Villa, die inzwischen als skurrile **Casa Museu Dalí** besichtigt werden kann (Tel. 972 25 10 15, im Sommer 9.30 bis 21 Uhr, im Winter 10.30–17 Uhr, Jan.–März geschl., telefonische Voranmeldung ratsam, da Besucher nur in begrenzter Zahl zugelassen werden).

Info

Oficina de Turisme
Cotxe 1
Tel. 972 25 83 15
www.cadaques.org

Infos von A-Z

Ärztliche Versorgung

Im Krankheitsfall kann man sich außer an Arztpraxen rund um die Uhr an die Notfallzentren (Centres d'Assistència Primària) wenden, im Stadtzentrum an die Filialen:

■ **Casc Antic**, Comtal 20, Tel. 933 10 14 21, Ⓜ Urquinaona
■ **Drassanes**, Drassanes 17–21, Tel. 933 29 44 95, Ⓜ Drassanes
■ **Hospital Clínic**, Casanova 143, Tel. 932 27 54 00, Ⓜ Hospital Clínic

Mitglieder gesetzlicher Krankenkassen werden gegen Vorlage der EU-Sozialversicherungskarte in öffentlichen Einrichtungen kostenfrei behandelt. Der Abschluss einer Reisekrankenversicherung ist dennoch zu empfehlen: Sie garantiert freie Arztwahl sowie den Rücktransport im Notfall.

Apotheken *(farmàcies)* haben bis 20 Uhr geöffnet; der Notdienstplan ist der Tagespresse zu entnehmen.

Diplomatische Vertretungen

■ **Deutsches Generalkonsulat:** Passeig de Gràcia 111, Tel. 932 92 10 00, Fax 932 92 10 02 (Mo–Fr 9–14 Uhr)
■ **Österreichisches Honorargeneralkonsulat:** Marià Cubí 7, 1°, Tel. 933 68 60 03, Fax 934 15 16 25
■ **Schweizer Generalkonsulat:** Gran Via Carles III 94, Tel. 934 09 06 50, Fax 934 90 65 98

Einreise

Deutsche, Österreicher und Schweizer benötigen für Aufenthalte von bis zu drei Monaten nur den gültigen Personalausweis bzw. die nationale Identitätskarte, Kinder unter 16 Jahren einen Kinderausweis oder einen Eintrag im Reisepass der Eltern. Seit Inkrafttreten des Schengener Abkommens entfällt zwischen Deutschland und Spanien die Passkontrolle.

Eintrittspreise

Eintrittspreise für Museen sind mitunter recht hoch. Es empfehlen sich daher Kombikarten wie die Barcelona Card > S. 138 oder das Heft »Ruta del Modernisme« > S. 14. Für sechs Museen (u.a. MACBA, MNAC, CCCB) gilt das Articket für 20 €, erhältlich an den jeweiligen Museumskassen.

Feiertage

1. Januar (Neujahr); 6. Januar (Hl. Drei Könige); Gründonnerstag; Karfreitag; Ostermontag; 1. Mai; Pfingstmontag; 24. Juni (Johannisfest); 25. Juli (hl. Jakob); 15. Aug. (Mariä Himmelfahrt); 11. Sept. (katalanischer Nationalfeiertag); 24. Sept. (Stadtfest); 12. Okt. (Entdeckung Amerikas); 1. Nov. (Allerheiligen); 6. Dez. (Tag der Verfassung); 25. und 26. Dez. (Weihnachten).

Fundbüro

■ **Servei de Troballes** (Hauptfundbüro), Plaça Carles Pi i Sunyer 8, Tel. 0 10 und 934 13 20 31, Ⓜ Jaume I
■ **Fundbüro im Flughafen:** Tel. 932 98 33 49

Geld

Landeswährung ist der Euro. Zum Schweizer Franken schwankt der Kurs: 1 € = 1,55 CHF (Dez. 2008). Bargeld lässt sich an vielen Geldautomaten mit der Maestrokarte und Kreditkarten abheben; Letztere werden fast überall akzeptiert.

Information

Auskünfte, Prospekte und Infomaterial erhält man bei den staatlichen Fremdenverkehrsämtern; Prospektbestellung unter Tel. 0 61 23/9 91 34, Fax 9 91 88, www.spain.info.

Fremdenverkehrsämter
In Deutschland:
- Myliusstr. 14, 60323 Frankfurt/M., Tel. 0 69/72 50 38, Fax 72 53 13
- Grafenberger Allee 100, 40237 Düsseldorf, Tel. 02 11/680 39 81, Fax 680 39 85
- Postfach 15 19 40, 80336 München, Tel. 0 89/530 74 60, Fax 53 07 46 20
- Kurfürstendamm 63, 10707 Berlin, Tel. 0 30/882 65 43, Fax 882 66 61

In Österreich:
- Walfischgasse 8, 1010 Wien, Tel. 01/512 95 80, Fax 512 95 81

In der Schweiz:
- Seefeldstr. 19, 8008 Zürich, Tel. 0 44/253 60 50, Fax 252 62 04

In Barcelona:
- Centre d'Informació Turisme de Barcelona, Plaça de Catalunya 17 (Untergeschoss), Tel. 00 34 932 85 38 34, Fax 933 68 97 35; Filialen im Hauptbahnhof Sants, am Flughafen und im Kongresszentrum (Av. Reina Maria Cristina s/n). Im Sommer besteht auch im Rathaus ein städtisches Infobüro.

Im Internet:
- www.bcn.es und www.barcelonaturisme.com

Telefonische Information:
- Vor Ort erhält man unter Tel. 0 10 Mo–Sa 8–22 Uhr Auskünfte zu öffentlichem Nahverkehr, Öffnungszeiten und Veranstaltungen auf Katalanisch, Spanisch und Englisch.
- Infoline des Staatlichen Spanischen Verkehrsamts: Tel. 901 30 06 00.

Kulturtipps
- **Centre d'Informació de la Virreina**, Rambles 99, Tel. 933 16 10 00, Ⓜ Liceu, Veranstaltungskalender, Programme und Prospekte der meisten Galerien, Theater und Museen der Stadt.

- **Infobüros zu Katalonien:** Flughafen, Tel. 934 78 47 04 und Passeig de Gràcia 107, Tel. 932 38 40 00.

Kriminalität
Wie in allen Großstädten sollte man Umsicht walten lassen, z.B. nie Wertsachen und Bargeld im Auto zurücklassen. Immer wieder gehen Touristen auf den Rambles, in der Metro oder im Trubel von Fiestas Dieben auf den Leim. Vorsicht besonders bei fingierten Unfällen und Streitereien. Bei Dunkelheit sollte man nicht allein durch die Seitengassen des Barri Xinès bummeln. Im Notfall hilft die *Guàrdia Urbana* weiter; in der Polizeistation Barri Gòtic (Rambles 43, Tel. 932 56 24 30) stehen meist englischsprachige Beamte zur Verfügung.

Messen
Auf den beiden Messegeländen (Plaça d'Espanya und Gran Via M2) finden wichtige Ausstellungen statt.
- Januar: **Pielespaña** (Lederwaren und Schuhe)
- Februar und September: **Gaudí Barcelona** (Mode und Accessoires)
- März: **Salón de Anticuarios** (Antiquitäten)
- September: **Expohogar** (Haushalt), **Liber** (Bücher)
- Oktober: **Expotrónica** (Elektronik), **Informat** (Computer)
- November: **Salón Náutico Internacional** (Boote)

Information für Geschäftsreisende:
- **Fira de Barcelona** (Messegesellschaft), Av. Reina Maria Cristina s/n, Tel. 902 23 32 00, Fax 932 33 21 98, www.firabcn.es
- **Cambra Oficial de Comerç, Indústria i Navegació de Barcelona** (Industrie- und Handelskammer), Casa Llotja del Mar, Passeig Isabel II 1, Tel. 933 19 24 12, Fax 933 10 39 02, www.cambrabcn.es

Notruf

Polizei, Notarzt, Feuerwehr: Tel. 1 12.

Öffnungszeiten

■ **Banken:** Mo–Fr 8.30–13/14 Uhr.
Wechselstuben bedienen länger, im
Hauptbahnhof Sants und am Flughafen
bis 22 bzw. 23 Uhr.
■ **Geschäfte:** gewöhnlich 9–13/14,
16.30–19/20 Uhr; Kaufhäuser 10 bis 20
bzw. 21 Uhr.
■ **Museen:** meist Mo, So und Fr nach-
mittags geschlossen.
■ **Öffentliche Dienststellen:** Mo–Fr
8–15 Uhr.
■ **Restaurants:** häufig So abends und
Mo geschlossen.

Post

■ **Hauptpostamt:** Plaça Antoni López
(hafennah), Tel. 933 18 38 31, Ⓜ Barceloneta, Mo–Fr 9–21, Sa 9–14 Uhr
■ Andere Postämter *(correus):* werk-
tags 9–14 Uhr geöffnet. Briefmarken erhält man auch in Tabakläden *(estancos).*

Presse und Medien

Ausländische Zeitungen erhält man am
Erscheinungstag, u.a. bei den Kiosken
an den Rambles. Über Veranstaltungen
informieren außer dem Wochenpro-
gramm **Guía del Ocio** mit ausführ-
lichen Beilagen auch die zwei (größten
überregionalen) Tageszeitungen **La
Vanguardia** und **El País**. Auf Kata-
nisch erscheinen u.a. die Tageszeitungen **Avui** und **Diari de Barcelona**. Das
spanisch-englische Monatsheft **B-gui-
ded** ist vor allem in Sachen Nachtleben
und Mode aktuell und lesenswert.

Im Fernsehen sind neben dem überregionalen staatlichen Sender **TV Espa-
ñola** u.a. die katalanischen Sender **TV3**
und **Canal 33**, in guten Hotels per Sa-
tellit auch ausländische Programme zu
empfangen. Ein reines Stadtprogramm
bietet **Barcelona Televisió**.

Aus den zahlreichen Radiostationen
ragt **Radiò Associaçó de Catalunya**
(105 FM) durch das junge Musikpro-
gramm von Flamenco bis Free Jazz heraus.

Sprachkurse

Die Qualität variiert stark. Am besten
erkundigt man sich vor Buchung nach
Gruppengrößen, Ausbildungsgrad der
Lehrkräfte und ob Einstufungstests vor-

Gut zu wissen

Die Anschaffung der **Barcelona Card** für einen Aufenthalt in der Stadt lohnt
sich, wenn man den Besuch von mehreren Sehenswürdigkeiten plant und öffentliche Verkehrsmittel nutzen möchte. Die Karte mit einer Gültigkeitsdauer von 2 bis
5 Tagen kostet für Erwachsene zwischen 25 und 40 €, für Kinder bis 12 Jahre zwischen 21 und 32 € und berechtigt zur Nutzung von U-Bahnen und Stadtbussen
sowie zur kostenfreien Fahrt vom Flughafen El Prat in die Innenstadt. Darüber
hinaus erhält man u.a. Ermäßigungen in einigen Bars, Restaurants und Geschäften und vergünstigten, teilweise sogar kostenfreien Eintritt in vielen Museen.
Beim Kauf der Barcelona Card bekommt man außerdem eine Liste der rund 100
angeschlossenen Einrichtungen sowie einen kostenlosen Reiseführer mit Stadtplan, der die wichtigsten Sehenswürdigkeiten der Stadt vorstellt.

Erhältlich ist die Barcelona Card an den Touristeninformationen an der Plaça de
Catalunya, an der Plaça de Sant Jaume, am Busbahnhof Estació del Nord sowie
direkt am Flughafen El Prat (Terminal A und B). Nähere Infos im Internet unter
www.barcelonatourisme.com.

genommen werden. Folgende Schulen werden empfohlen:

■ **Centre de Normalització Lingüística,** Quintana 11, Tel. 934 12 55 00, 934 12 15 50, www.cpnl.cat, Ⓜ Liceu. Die offizielle Sprachenschule der Generalitat bietet preiswerte Katalanisch-Kurse an.

■ **International House,** Trafalgar 14, Tel. 932 68 45 11, Fax 932 68 02 39, www.ihes.com/bcn, Ⓜ Urquinaona. Wöchentlich beginnende Spanisch-Kurse.

■ **Universitat de Barcelona,** Gran Via de les Corts Catalanes 585, Tel. 934 03 55 19, Fax 934 03 54 33, www.eh.ub.es, Ⓜ Universitat. Günstige Sommerkurse (Katalanisch, Spanisch) in den Semesterferien.

Stierkampf

Im April 2004 beschloss der Stadtrat von Barcelona, die Stadt für stierkampffrei zu erklären. Allerdings ist dies ein symbolischer Akt, erst eine Gesetzesänderung seitens der Provinzregierung Kataloniens kann ein Verbot durchsetzen. In der letzten verbliebenen Arena, der 1914 eröffneten **La Plaza Monumental,** Gran Vía de les Corts Catalanes 749, finden mittlerweile mehr Musikveranstaltungen statt.

Telefon

Von allen öffentlichen Fernsprechern aus kann man ins Ausland anrufen – mit 1- und 2-€-Münzen bzw. fast überall mit Telefonkarten *(tarjetas telefónicas),* erhältlich auch an Kiosken und in Tabakläden zu 10 € und 20 €.

Auslandstelefonate sind von 22 bis 8 Uhr sowie Sa/So billiger. In den *locutorios* (Telefonzentralen) zahlt man nach dem Gespräch bar am Schalter (u.a. Rambles 88, tgl. 10–23 Uhr).

Die handelsüblichen **Mobiltelefone** funktionieren (unabhängig vom Provider) in Spanien in der Regel problem-

los. Da sich die Konditionen bei Handys mit Vertrag von denen mit Prepaidkarten unterscheiden, informieren Sie sich am besten unter www.teltarif.de/roaming/spanien/handy.html

■ **Auskunft national:** Tel. 1 18 18
■ **Auskunft international:** Tel. 1 18 25
■ **Ferngespräche international:** 00 49 (Deutschland) 00 43 (Österreich) 00 41 (Schweiz) **Nach Spanien:** 00 34

Trinkgeld

Selbst bei Inklusivpreisen sind Trinkgelder (5–10 %) für Kellner und Taxifahrer üblich; im Lokal lässt man die Münzen auf Theke oder Tisch liegen. Gepäckträger (am Flughafen gelten feste Tarife) erwarten 0,50 bis 1 € pro Gepäckstück, Fremdenführer mindestens 2 €.

Zoll

EU-Bürger dürfen Güter für den Eigenbedarf in unbegrenzter Menge ein- und ausführen; als Richtmengen gelten: 800 Zigaretten und 10 l Spirituosen pro Person (ab 15 bzw. 17 Jahre).

Schweizer dürfen u.a. zollfrei ausführen: 2 l Wein, 1 l mit über oder 2 l Spirituosen mit weniger als 15 Vol.-%, 200 Zigaretten oder 50 Zigarren oder 250 g Tabak, 500 g Kaffee, 50 g Parfüm sowie Souvenirs bis zum Gesamtwert von 300 CHF.

Urlaubskasse	
Milchkaffee	1,80 €
Softdrink	2,50 €
Glas Bier (vom Fass)	3 €
Portion Tapas	4–7 €
Kugel Eis	2 €
Taxifahrt (ca. 10 km)	10 €
Mietwagen/Tag ab	30 €

Register

140

Register

www.polyglott.de

Polyglott im Internet: www.polyglott.de

Impressum

Wir freuen uns, dass Sie sich für einen Reiseführer aus dem Polyglott-Programm entschieden haben. Auch wenn alle Informationen aus zuverlässigen Quellen stammen und sorgfältig geprüft sind, lassen sich Fehler nie ganz ausschließen. Wir bitten um Verständnis, dass der Verlag dafür keine Haftung übernehmen kann. Ihre Hinweise und Anregungen sind uns wichtig und helfen uns, die Reiseführer ständig weiter zu verbessern. Bitte schreiben Sie uns:
Polyglott Verlag, Redaktion, Postfach 40 11 20, 80711 München, redaktion@polyglott.de

Wir wünschen Ihnen eine gelungene Reise!

Herausgeber: Polyglott-Redaktion
Autor: Robert Möginger
Lektorat: Irina Ditter
Redaktion: Annette Pundsack, Redaktion A–Z, Köln
Bildredaktion: Polyglott, Ulrich Reißer und Irina Ditter
Layout: Ute Weber, Geretsried
Titeldesign-Konzept: Studio Schübel Werbeagentur GmbH, München
Satz: Silvia Langhoff
Karten und Pläne: Polyglott-Kartografie
Kartografische Bearbeitung: Sebastian Laboor
Druck: Himmer AG, Augsburg
Bindung: »Butterfly«-Bindeverfahren zum Patent angemeldet durch
Kolibri Industrielle Buchbinderei GmbH 2008

© 2009 by Polyglott Verlag GmbH, München
Printed in Germany
Dieses Buch wurde auf chlorfrei gebleichtem Papier gedruckt.
ISBN 978-3-493-55918-7

Langenscheidt Mini-Dolmetscher Katalanisch

Allgemeines

Guten Morgen.	Bon dia. [bon diə]
Guten Tag. (nachmittags)	Bona tarda. [bonə tardə]
Gute Nacht.	Bona nit. [bonə nit]
Hallo!	Hola! [olə]
Wie geht's?	Com anem? [kom ənem]
Danke, gut.	Bé, gràcies. [be grasiəs]
Ich heiße ...	Em dic ... [əm dik]
Auf Wiedersehen.	Adéu / A reveure. [əde·u / ə rəbä·urə]
Morgen	matí [məti]
Nachmittag	tarda [tardə]
Abend	vespre [bessprə]
Nacht	nit [nit]
morgen	demà [dəma]
heute	avui [əbui]
gestern	ahir [əi]
Sprechen Sie Deutsch / Englisch?	Parla vostè alemany / anglès? [parlə bustä ələmanji / əngläs]
Wie bitte?	Com diu? [kom diu]
Ich verstehe Sie nicht.	No l'entenc. [no l ˌəntenk]
Wiederholen Sie bitte.	Repeteixi-ho, si us plau. [rəpəteschiu si ˌus ˌplau]
..., bitte.	..., si us plau. [si ˌus ˌplau]
danke	gràcies [grasiəs]
Keine Ursache.	De res. [də räs]
was / wer / welcher	què / qui / quin [kä / ki / kin]
wo / wohin	on / a on [on / ə on]
wie / wie viel	com / quant [kom / kuan]
wann / wie lange	quan / quant temps [kuan / kuan tems]
Wie heißt das?	Com es diu això? [kom əs diu əscho]
Wo ist ...?	On és ...? [on es]
Können Sie mir helfen?	Em pot ajudar? [əm pot əsehudə]
ja	sí [si]
nein	no [no]
Entschuldigen Sie.	Perdoni. [pərdoni]
Das macht nichts.	No hi fa res. [no i fa räs]

Sightseeing

Gibt es hier eine Touristeninformation?	Que hi ha una oficina d'informació turística per aquí? [kəˌiˌa unə ufißinə dinfurməßio turistikə pər əki]
Ich möchte einen Stadtplan / ein Hotelverzeichnis.	Que té un pla de la ciutat / una llista d'hotels? [kə te un pla də la siutat / unə ljisstə dutäls]
Wann ist ... geöffnet / geschlossen?	A quina hora obren / tanquen ... ? [ə kinˌor ˌobrən / tankən]
das Museum / die Kirche / die Ausstellung	el museu / l'església / l'exposició [əl museu / ləsglesiə / ləkspusißio]

Shopping

Wo gibt es ...?	On hi ha ...? [onˌiˌa]
Wie viel kostet das?	Quant val això? [kuan bal əscho]
Das ist zu teuer.	Es massa car. [es masə kar]
Das gefällt mir (nicht).	(No) m'agrada. [(no) məgradə]
Gibt es das in einer anderen Farbe / Größe?	Ho tenen en un altre color / una altra talla? [u tenən ən unˌaltrə kulo / unˌaltrə taljə]
Ich nehme es.	M'ho quedo. [mu kedu]
Wo ist eine Bank?	On hi ha un banc? [onˌiˌa un bank]
Ich suche einen Geldautomaten.	Busco un caixer automàtic. [buskuˌun kaschə autumatik]
Geben Sie mir 100 g Käse / zwei Kilo Pfirsiche.	Posi'm cent grams de formatge / dos quilos de préssecs. [posim sen grams də furmatseh / dos kilus də presəks]
Haben Sie deutsche Zeitungen?	Que tenen diaris alemanys? [kə tenən diaris ələmanjis]
Wo kann ich telefonieren?	On puc trucar? [on puk trukа]
Wo kann ich eine Telefonkarte kaufen?	On puc comprar una targeta per trucar? [on puk kumpra unə tərsehätə pər truka]

Barcelona und seine Viertel

Am besten beginnt man eine Besichtigung Barcelonas mit einem Bummel über die berühmten **Rambles**. Im mittelalterlichen **Barri Gòtic** rund um die Kathedrale schlägt das historische Herz der Stadt. Herausragende zeitgenössische Architektur und rasantes Nightlife gibt es im **Hafenviertel** und in **La Ribera** zu entdecken. Rund um den **Montjuïc** locken bedeutende Museen, olympische Sportstätten und Parks. Auf den Spuren von Antoni Gaudí wandelt man in der **Eixample**.

Tour rund um die Rambles

> **Rambles-Bummel (2–3 Std. ohne Museumsbesuche)**
> Zwischen Plaça de Catalunya und Hafen laden die Rambles zum Flanieren ein. Kulturell Interessierte zieht es in die Avantgardekunst-Museen, in Gaudís Palau Güell und ins Museu Maritim.

Tour im Barri Gòtic

> **Durchs Gotische Viertel (2–3 Std.)** Geschichtsträchtig sind die engen Gassen rund um die Kathedrale. Hier befand sich die erste Siedlung der Iberer, und auch die Römerstadt Barcino hatte hier ihr Zentrum. Im Mittelalter entstanden die gotischen Bauten, die dem Viertel seinen Namen gaben.

Tour durchs Hafenviertel und La Ribera

> **Im maritimen Barcelona (1 Tag)** Von der Kolumbus-Säule genießt man den Blick auf den Hafen, der sich am Moll de la Fusta mit dem Freizeittempel Maremàgnum sowie den Vierteln Vila Olímpica und Fòrum schick und urban präsentiert. In La Ribera trifft man sich in Bars und Restaurants, Kunstgenuss versprechen das Museu Picasso oder die Sammlung Barbier-Mueller.

Tour um den Montjuïc

> **Rund um den Montjuïc (1 Tag)** Eine grandiose Aussicht bietet sich vom Gipfel des Montjuïc, zu dessen Füßen bedeutende Museen wie das Museu Nacional d'Art de Catalunya oder die Fundació Joan Miró liegen.

Tour durch die Eixample

> **Streifzug durch die Eixample (1 Tag)** Attraktionen dieses exklusiven Viertels sind neben Nobelgeschäften die Bauten aus der Blüte der Gründerzeit und des Modernisme, insbesondere Werke von Gaudí wie Casa Batlló, Casa Milà und Sagrada-Família.

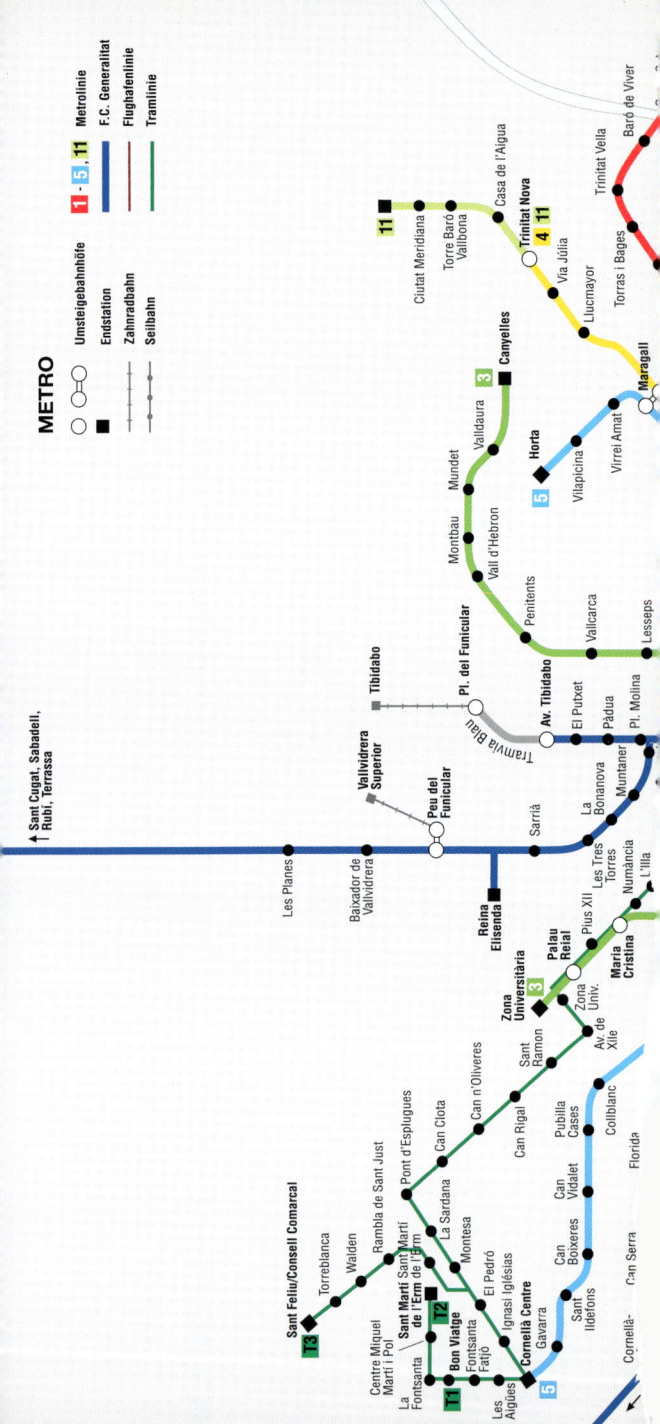

METRO

Legende:
- Umsteigebahnhöfe
- Endstation
- Zahnradbahn
- Seilbahn

Linien:
- **1** · **5** · **11** Metrolinie
- F.C. Generalitat
- Flughafenlinie
- Tramlinie

11 Ciutat Meridiana · Torre Baró Vallbona · Casa de l'Aigua · Trinitat Nova · **4** **11** · Trinitat Vella · Torras i Bages · Baró de Viver

Via Júlia · Llucmajor · Maragall

3 Canyelles · Valldaura · Mundet · Montbau · Vall d'Hebron · Penitents · Vallcarca · Lesseps

5 Horta · Vilapicina · Virrei Amat

Sant Cugat, Sabadell, Rubí, Terrassa

Tibidabo · Pl. del Funicular · Av. Tibidabo · El Putxet · Pàdua · Pl. Molina

Valldvidrera Superior · Peu del Funicular · Tramvia Blau

Les Planes · Baixador de Vallvidrera · Sarrià · La Bonanova · Muntaner · Reina Elisenda

Palau Reial · Pius XII · Les Tres Torres · Numància · L'illa

3 Zona Universitària · Zona Univ. · Av. de Xile · Maria Cristina

Sant Ramon · Can n'Oliveres · Can Rigal · Pubilla Cases · Collblanc · Florida

Pont d'Esplugues · Can Clota · Can Vidalet · Can Serra

Rambla de Sant Just · La Sardana · Montesa · El Pedró · Ignasi Iglésias · Can Boixeres · Sant Ildefons · Cornellà-

Sant Feliu/Consell Comarcal · Torreblanca · Walden · Centre Miquel Martí i Pol

T3 · Sant Martí Sant Martí de l'Erm · **T2** · La Fontsanta · Fontsanta Fatjó · **T1** · Bon Viatge · Les Aigües · Gavarra · Cornellà Centre · **5**

Zeichenerklärung der Karten

	Autobahn
	Schnellstraße
	Hauptstraße
	sonstige Straßen
	Fußgängerzone
	Eisenbahn
	Staatsgrenze
	Landesgrenze
	Nationalparkgrenze

6 Top 12 Tipp

beschriebenes Stadtviertel (Seite–Kapitelanfang)

32 oder **A** Sehenswürdigkeiten

5 Tourenvorschlag in Stadt

POLYGLOTT Top 12

1 Les Rambles
2 La Boqueria
3 Plaça Reial
4 Barri Gòtic
5 Palau de la Música Catalana
6 Museu Picasso
7 La Barceloneta und seine Platjas
8 Montjuïc
9 Museu Nacional d'Art de Catalunya
10 Casa Milà
11 Sagrada Família
12 Tibidabo

Notfälle

Ich brauche einen Arzt / Zahnarzt.	Necessito un metge / dentista. [nəsəßitu‿un metsehə / dəntißtə]
Rufen Sie bitte einen Kranken-wagen / die Polizei.	Si us plau, truqui a l'ambulància / la policia. [si‿us‿plau truki ə ləmbulansiə / lə pulißiə]
Wir hatten einen Unfall.	Hem tingut un accident. [äm tingut‿un‿əksiden]
Wo ist das nächste Polizeirevier?	On és la comissaria de policia més a prop? [on‿es lə kumisəriə də pulißiə mes ə‿prop]
Ich bin bestoh-len worden.	M'han atracat. [man‿ətrəkat]
Mein Auto ist aufgebrochen worden.	M'han obert el cotxe. [man ußärt‿əl kotschə]

Essen und Trinken

Die Speise-karte, bitte.	La carta, si us plau. [lə kartə si‿us‿plau]
Brot	pa [pa]
Kaffee	cafè [kəfä]
Tee	te [tä]
mit Milch	amb llet / sucre [əm ljet / ßukrə]
Zucker	
Orangensaft	suc de taronja [suk də tronjə]
Mehr Kaffee, bitte.	Més cafè, si us plau. [mes kəfä si‿us‿plau]
Suppe	sopa [ßopə]
Fisch	peix [pesch]
Meeresfrüchte	marisc [mərisk]
Fleisch	carn [karn]
Geflügel	aus [aus]
Beilage	guarnició [guərnißio]
vegetarische Gerichte	plats vegetarians [plats bəsehətərians]
Gemüse	verdures [bərdurəs]
Eier	ous [ous]
Salat	amanida [əmənidə]
Dessert	postres [postrəs]
Obst	fruita [fruitə]
Eis	gelat [sehəlat]
Wein	vi [bi]
weiß / rot / rosé	blanc / negre / rosat [blank / nägrə / rusat]
Bier	cervesa [sərbäsə]
Aperitif	aperitiu [əpəritiu]
Wasser	aigua [ajguə]
Mineralwasser	aigua mineral [ajguə minəral]
mit / ohne Kohlensäure	amb / sense gas [əm / sensə gas]
Limonade	gasosa [gəsosə]
Frühstück	esmorzar [əsmursə]
Mittagessen	dinar [dinə]

Abendessen	sopar [supa]
eine Kleinig-keit	una coseta [unə kusätə]
Ich möchte bezahlen.	El compte, si us plau. [əl komtə si‿us‿plau]
Es war sehr gut.	Era molt bo. [erə mol bo]
Es war nicht so gut.	No era gaire bo. [no erə gajrə bo]

Im Hotel

Ich suche ein gutes / nicht zu teures Hotel.	Busco un bon hotel / un hotel no massa car. [busku‿un bon utäl / un‿utäl no masə kar]
Ich habe ein Zimmer reserviert.	He reservat una habitació. [e rəsərbat unə‿əbitəßio]
Ich suche ein Zimmer für ... Personen.	Busco una habitació per a ... persones. [busku‿unə‿əbitəßio pər‿ə ... pərßonəs]
Mit Dusche und Toilette.	Amb dutxa i wàter. [əm dutschə i batər]
Mit Balkon / Blick aufs Meer.	Amb balcó / vista al mar. [əm balko / bißtə‿əl mar]
Wie viel kostet das Zimmer pro Nacht?	Quant val l'habitació per nit? [kuan bal ləbitəßio pər nit]
Mit Frühstück?	Amb esmorzar? [əmb‿əsmursə]
Kann ich das Zimmer sehen?	Puc veure l'habitació? [puk bä‿urə ləbitəßio]
Haben Sie ein anderes Zimmer?	Que tenen una altra habitació? [kə tenən‿un‿altrə‿əbitəßio]
Es gefällt mir (nicht).	L'habitació (no) m'agrada. [lə‿əbitəßio (no) məgradə]
Kann ich mit Kreditkarte bezahlen?	Puc pagar amb targeta de crèdit? [puk pagə‿m tərsehätə də krädit]
Wo kann ich parken?	On puc aparcar? [on puk əpərkə]
Können Sie das Gepäck in mein Zimmer bringen?	Em poden portar l'equipatge a la meva habitació? [əm podən purtə ləkipatseh‿ə lə mebə‿əbitəßio]
Haben Sie einen Platz für ein Zelt / einen Wohnwagen / ein Wohn-mobil?	Tenen lloc per a una tenda / una caravana / una autocaravana? [tenən ljok pər‿unə tendə / unə kərəbanə / unə‿autukərəbanə]
Wir brauchen Strom / Wasser.	Necessitem corrent / aigua. [nəsəsitäm kurren / ajguə]